LE PARFAIT
AQUARELLISTE

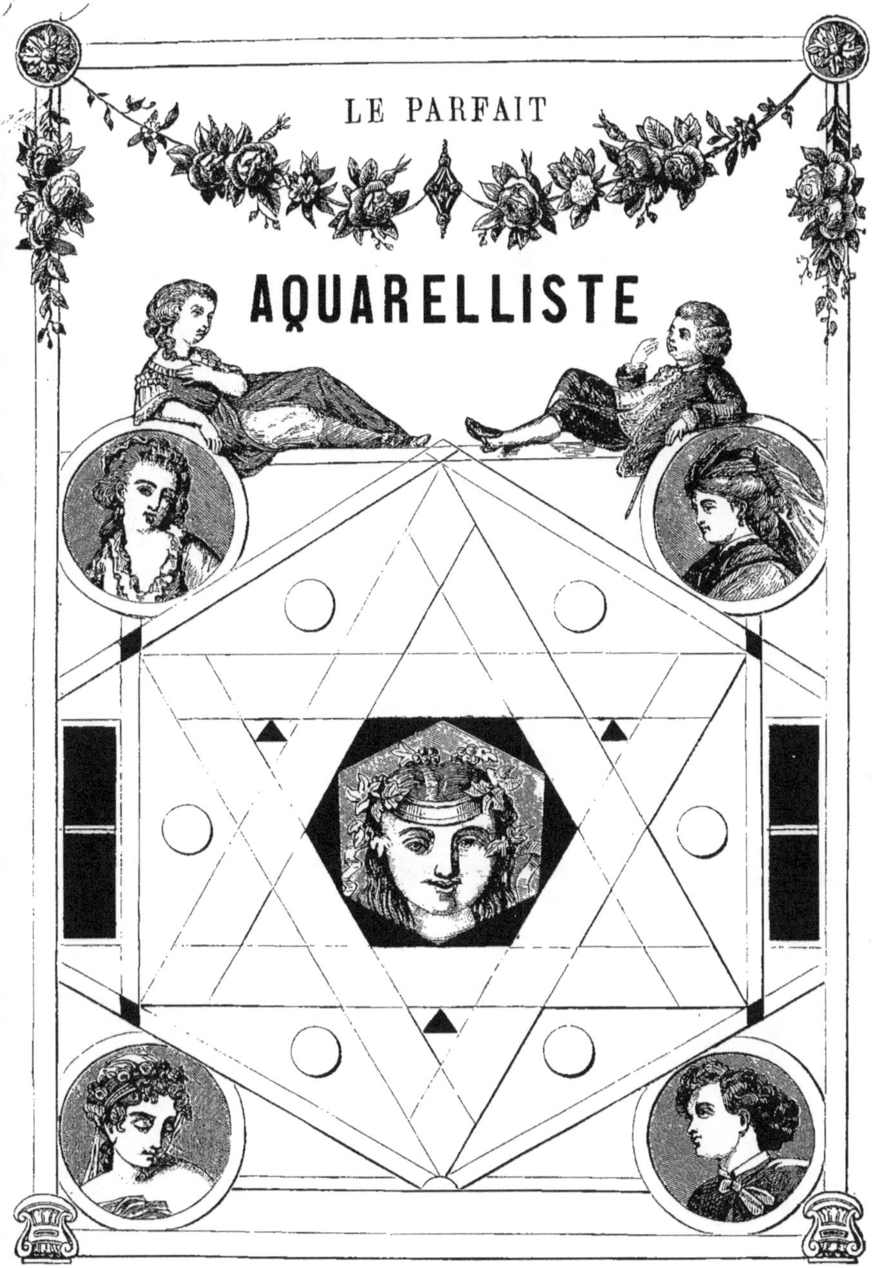

TRAITÉ MÉTHODIQUE ET GÉNÉRAL
DU DESSIN, DU COLORIS
DE
L'AQUARELLE
ET DU
LAVIS

APPLIQUÉS A L'ÉTUDE DE LA FIGURE EN GÉNÉRAL

DU PORTRAIT D'APRÈS NATURE

DU PAYSAGE, DE LA MARINE, DES ANIMAUX, DES FLEURS ET DES PAPILLONS

PAR

GOUPIL
ÉLÈVE D'HORACE VERNET

Peintre figuriste attaché aux travaux de la Manufacture de Sèvres
Officier d'Académie
Et professeur des cours gratuits de dessin à l'École municipale de Sèvres

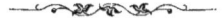

PARIS
RENAULD, LIBRAIRE-ÉDITEUR

10, QUAI DU LOUVRE, 10

1876

DU DESSIN EN GÉNÉRAL

Un axiome indiscutable, c'est qu'en toutes choses rien n'est plus important que le point de départ. Dans l'étude des sciences et des arts, comme dans la vie humaine, tout dépend des commencements ; un mauvais début est la chose la plus difficile à réparer.

De même que l'âme et le corps sont indispensables à l'existence de l'homme, de même aussi le dessin et la couleur sont de première nécessité dans toute peinture. L'imitation parfaite de la nature consiste tout autant dans celle de la forme des objets que dans celle des couleurs. Elle intéresse au même degré.

Pour ces deux études, l'âge le plus favorable est de quinze à trente ans, période pendant laquelle les organes contractent sans peine toutes les habitudes qu'on veut leur faire prendre.

L'étude du dessin fait naître et développe le don d'observation, source de mille jouissances qui échappent au vulgaire ; elle enseigne les règles du beau et de l'harmonie universelle dont elle nous laisse deviner quelques secrets, elle nous aide à mieux admirer et connaître l'œuvre divine et son auteur. Ne vous éloignez donc jamais d'une occupation si salutaire à votre intelligence et à votre âme !

En parcourant les collections ethnographiques du musée du Louvre et en jetant les yeux sur l'ornementation des peuplades les plus sauvages, on reconnaît que le dessin de leurs ornements porte l'empreinte primitive de l'observation de la nature, dans la symétrie et la régularité dont elle présente partout l'image. L'homme sauvage et nu, habitant des forêts incultes du nouveau monde, poussé par l'instinct imitatif, se couvre le visage de tatouages ou dessins de couleurs diverses, où il répète les enroulements des plantes, qu'il symétrise sur chaque partie de sa face. Ses armes portent également l'empreinte des mêmes caprices linéaires, puisés aux sources mystérieuses de la grande harmonie de l'univers ; il est né tout nu au milieu de la plus riche nature, il a senti le besoin d'orner son corps de toutes les beautés qui l'entourent, les plumages les plus riches des oiseaux des forêts lui ont fourni des habits variés de couleurs ; n'est-ce pas là toute une leçon d'art?

Le sauvage ne sait d'abord qu'imiter, ce besoin le porte à inventer, presque sans en avoir la conscience. L'idée du dessin est donc innée et développable chez tous les hommes ; il s'agit, pour les y entraîner, de leur en démontrer l'attrait ; ce sera le premier pas vers l'art, et un pas immense vers la moralisation par l'art.

N'oublions pas que le dessin, à proprement parler, a été l'origine de l'écriture ; il serait donc très-raisonnable, dans l'éducation générale, d'accompagner l'enseignement de l'écriture de celui du dessin. L'analyse attentive de toutes les lignes élémentaires que contient l'alphabet, qu'on nous enseigne dès le berceau, renferme, comme nous l'avons prouvé dans la *Géométrie artistique*, toutes les formes nécessaires à connaître pour imiter, en les combinant de diverses manières, tous les objets qui se présentent à nos yeux.

Il y a différents genres d'écritures : l'anglaise, la bâtarde, la ronde, la gothique ; mais l'écriture figurée, c'est le dessin, ce sont les idées qui assaillent l'enfant par la forme de tout ce qui l'entoure ; c'est par les choses, par les objets matériels colorés et touchés que les instincts imitatifs naissent et se développent. Les objets familiers et plaisants excitent à en produire l'image. Ce n'est qu'en rattachant les idées d'analogie ou de ressemblance aux formes que nous sommes initiés à l'imitation rendue plus facile, d'un *g*, d'un *p*, d'un *z*, qui n'ont, au premier abord, que de l'étrangeté de l'insignifiance et une disposition conventionnelle.

La dessin est donc une étude éminemment intellectuelle, puisqu'elle stimule l'imagination, forme le jugement, en exerçant l'œil et la main. Il habitue l'esprit à se reposer sur les objets et l'observation à s'y arrêter, de manière à fixer dans la mémoire leurs formes d'ensemble. Mais la faculté naturelle de l'observation instinctive et réfléchie n'est accordée qu'aux hommes d'élite et vraiment nés pour s'occuper d'art.

Nos sens, simultanément frappés du beau et du laid, produisent sur l'âme l'impression simultanée du bien et du mal; les individus bien organisés sont ceux qui comprennent le beau et le laid, le bien et le mal, le vrai et le faux; on peut, selon son caractère, être plus vivement choqué de ce qui est laid que de ce qui est beau, et se sentir plus attiré vers la caricature que vers la beauté; on voit pourtant assez souvent des jeunes gens qui réussissent très-bien à faire des charges, être aussi très-ardents à découvrir ce qu'il y a de beau dans les formes.

L'éducation de l'œil doit accompagner celle de l'esprit; mais, pour ne pas sortir de notre sujet, qui est le dessin, il suffit de dire que, pour exprimer le laid aussi bien que le beau, le contour ou le trait est le moyen le plus prompt, le plus sûr et le plus puissant.

L'esprit conçoit l'immensité et l'infini, il peut concevoir une surface plate illimitée, il peut imaginer le vide infini du néant, le silence absolu, l'œil ne va pas au delà de la matière, il ne peut analyser les objets sans le secours de l'intelligence et du raisonnement.

Si on n'avait jamais vu un œuf que présenté par une de ses extrémités, on n'aurait jamais pu croire que ce n'était pas une boule; c'est donc seulement en étudiant les apparences ou *la perspective* des choses qu'on devinera leur forme véritable. On voit par là qu'en peinture la connaissance de la perspective donne la raison de toutes les formes. Une boule ou sphère est invariable.

L'enfant qui a appris à écrire et qui, poussé par le besoin d'imiter ce qu'il voit habituellement, voudra dessiner une maison, ne manquera pas de la faire pencher de gauche à droite, inclinaison forcée par l'habitude de ses doigts de pencher en ce sens les caractères de l'écriture; de même aussi il éprouvera par cette raison plus de facilité à tracer le profil d'un visage vu du coté gauche à cause des lignes inclinées qu'il présente, et qui répètent les formes qu'il a coutume de pencher quand il écrit. On doit donc, pour apprendre à dessiner facilement, dessiner souvent, copier l'alphabet et toutes ses formes à rebours, comme le font les écrivains lithographes; tracer et répéter les formes de chaque lettre en très-grand d'abord, pour bien développer le mouvement des doigts et de la main, et en très-petit ensuite pour la rendre maîtresse de ses mouvements et précise dans les formes en petit et en grand indifféremment; il est de la plus grande utilité aussi d'accoutumer l'œil à la scrupuleuse exactitude, par la division des lignes en parties égales, et par la copie régulière et sans compas de toutes les formes du dessin linéaire des figures rectilignes composées de lignes droites, et curvilignes composées de lignes courbes, que la géométrie artistique fait tracer au compas. Après ces exercices assidûment suivis sur l'ardoise, ou le papier, ou à main levée devant un tableau, on copiera des modèles. Beaucoup de personnes se révoltent à l'idée de copier ce qu'on appelle des principes de figures : des nez, des yeux séparément, avant de faire un trait d'ensemble de figure; cette méthode classique n'a pourtant rien de déraisonnable. Il est, en effet, plus facile de commencer par apprendre comment se fait un trait séparé, avant de passer au tracé d'un profil ou d'un ensemble.

Je recommande aussi d'exercer les élèves à faire de bons calques avec le papier végétal, d'après de bonnes gravures au trait, et pour donner de la légèreté à leurs doigts, d'en faire quelques-uns à la plume, avec autant de délicatessse et de netteté qu'ils pourront; repasser un trait au crayon avec un pinceau fin, donner de la sûreté à la main en l'accoutumant à peser toujours le moins possible sur le papier, copier au carreau en plus grand, copier au carreau en plus petit, exercer la mémoire (après avoir copié au carreau un modèle), à reproduire de tête ce même modèle, passer ensuite au dessin d'après nature, au moyen d'une vitre verticalement placée devant soi et sur laquelle sont tracées à l'encre lithographique les lignes formant des carreaux, sont autant d'exercices avantageux à l'élève. Le dessin à la vitre carrelée est éminemment fait pour initier aux difficultés de la perspective et des raccourcis.

Il est indispensable de se familiariser beaucoup avec l'étude du trait, avant celle du modelé par les ombres. L'estompe, pour ombrer, est le moyen le plus direct, ou le lavis à l'encre de Chine, ou d'une seule teinte, appelée lavis en camaïeu. Les dessins par hachures, au crayon de pierre noire, avec rehauts de craie sur papier teinté, sont d'excellents exercices de main et particulièrement d'après Julien, ou les excellentes gravures de Reverdin, qui deviennent rares à cause de leur véritable mérite.

On passera au dessin ombré d'après nature, en commençant par des médaillons en plâtre d'après la bosse, et on arrivera graduellement aux figures d'ensemble. L'important, pour un commençant, est de se placer convenablement et commodément devant son modèle ; la distance voulue est à trois fois la plus grande dimension, soit hauteur, soit largeur, de l'objet à dessiner. La notion des lignes verticales et des lignes horizontales se croisant entre elles, et passant par des lieux du modèle pour établir entre eux des rapports de comparaison, suffit pour arriver à dessiner correctement d'après nature, aussi facilement qu'au carreau.

Pour dessiner une statue entière d'après la bosse qui prépare à dessiner d'après nature, après s'être éloigné, comme je viens de le dire, on détermine d'abord, au moyen du portecrayon, qu'on laisse pendre verticalement au bout du bras et placé entre l'œil et la figure, une ligne imaginaire verticale qui la divise en hauteur en deux parties égales, à droite et à gauche.

On en trace une sur son papier avec le fusain, on en détermine une horizontale qui divise le modèle en deux parties égales en largeur; on la trace également sur son papier. L'intersection de ces deux lignes servira de régulateur général et sera le point central invariable auquel on rapportera toutes les lignes; on subdivisera mentalement par des lignes verticales et horizontales imaginaires la statue ou le modèle qu'on veut copier, et quels que soient le mouvement, l'extension ou le resserrement des membres, une fois qu'on aura tiré à égale distance de ce milieu une ligne en haut et une ligne en bas horizontale, on aura entre ces lignes l'espace dans lequel devra se renfermer la figure ou sa hauteur; on fera passer deux autres lignes verticales par les extrémités et extérieurement aux membres à droite et à gauche du point milieu horizontalement, ce qui formera autour de la figure un carré long ou parallélogramme dans lequel on la supposera inscrite. On raisonnera sur ce parallélogramme comme on raisonnerait pour copier un simple dessin inscrit dans un parallélogramme tracé sur le papier qu'on aurait devant soi.

La recherche du point milieu et la faculté de le trouver rapidement sont des habitudes qu'il est très-nécessaire de contracter.

On ne pourra jamais bien dessiner si on ne s'y familiarise l'esprit et l'œil comme avec la lecture.

Il est une habitude contre laquelle on ne saurait lutter avec trop d'énergie, c'est celle que prend tout novice, de passer dix ou douze fois le crayon sur le papier et de faire autant de traits inutiles avant de s'arrêter à une ligne qu'il cherche; cet immense défaut ressemble au bégayement du langage et à la détestable coutume de récitation des collégiens, qui débitent leurs leçons en répétant dix fois le même mot avant de passer à une phrase complète; on s'accoutume ainsi à travailler mécaniquement, la main agit, la réflexion et l'intelligence sommeillent.

D'après ce qui précède et à mesure que l'expérience sera acquise, on se convaincra des conclusions générales suivantes, savoir, que pour bien dessiner il faut exercer trois choses :

« 1° L'œil à la précision, à la comparaison des formes entre elles, aux
« mesures de longueur, de largeur et d'angles, à diviser et à subdiviser
« ces lignes;

« 2° La pensée à saisir rapidement les rapports entre toutes ces choses;

« 3° La main au tracé immédiat et rapide de toutes les formes, quel que
« soit le sens où elles se présentent à la vue. »

Le châssis ou la vitre quadrillée est le moyen le plus simple qu'on connaisse pour faciliter au novice son travail. Plus les carreaux sont nombreux, plus il est facile de copier. En faisant les carreaux de plus en plus grands sur l'original, à mesure que l'élève se perfectionne, et par conséquent moins nombreux, on en vient à supprimer tout à fait ces carreaux et l'on finit par savoir, à l'aide du portecrayon, charpenter une figure géométriquement, comme si le modèle était couvert de carreaux.

Pour ombrer ou modeler une figure, on observera quelle est la partie de la statue qui, comparativement au reste, brille de la lumière la plus vive; puis, d'un seul coup d'œil, on saisira la partie où cette statue est le plus privée de lumière; ces deux points extrêmes une fois reconnus, on s'en servira comme de point de départ du côté où vient la lumière, pour aller, de demi-teinte en demi-teinte, jusqu'à la partie la plus lumineuse, et du côté où vient la lumière reflétée, pour aller graduellement de reflet en reflet, jusqu'au plus obscur.

L'enchaînement des demi-teintes, des ombres et des reflets étant exprimé, on coordonnera le système tout entier, sans oublier les ombres portées, qui, par leur intensité et leur forme, achèveront de perfectionner l'ensemble du modèle de la façon la plus exacte.

Avant d'entreprendre un travail d'après une statue ou une académie de modèle vivant, il faut que l'élève soit déjà avancé. Il n'arrivera à ce degré de savoir que par une série bien suivie d'exercices gradués. Nous indiquons ici, comme étude primitive fort utile, de copier d'après nature des boules à surfaces mates, blanches, noires et grises, et des œufs blancs, noirs et gris, exposés au soleil ou à la lumière d'une lampe et placés sur des surfaces plates colorées en noir, en blanc et en gris. On les mettra ensuite en rapport avec des surfaces colorées : c'est ainsi qu'on étudiera utilement les effets du clair-obscur (1).

La même méthode d'observation sera pratiquée avec fruit sur les mêmes corps ronds rendus polis, pour montrer les différences qu'établissent entre les objets leurs contextures réciproques et ce qui en résulte pour leur interprétation dans le modelé et le clair-obscur. Les corps transparents et demi-transparents formeront également l'objet d'une série de considérations intéressantes par les conséquences qu'on en tire pour le dessin et la peinture sur le jeu de la lumière.

Le peintre de fruits, de fleurs et d'attributs ou de nature morte, ne saurait arriver à une exécution parfaite, s'il n'a pas acquis, par l'expérience théorique la plus attentive des faits observés sur les corps simples dont nous venons de parler, l'explication des lois du clair-obscur sans lesquelles l'illusion est toujours incomplète.

Un amateur qui veut arriver rapidement à travailler d'après nature doit être, je le conçois, souvent embarrassé dans le choix du moyen à employer pour se satisfaire. Le dessin à la plume, pour arriver à exécuter des ouvrages de patience, des trompe-l'œil rivalisant avec la taille-douce, l'effrayera sans contredit par la longueur et la difficulté du procédé ainsi compris.

Le dessin au crayon noir par hachures et pointillé, parfaitement compté, est, au point de vue de la réalité de l'imitation, une interprétation toute conventionnelle, le paysan qui regarde un tel ouvrage ou qui regarde les gravures les plus habiles, exécutées par tailles croisées ou pointillées, trouvera certainement une gravure au lavis en aquatinte plus vraie que de tout autre genre.

Il n'y a point de lignes dans la nature, les corps n'offrent à l'œil que des surfaces qui ont leurs limites, sans être cernées par aucun trait soit réel

---

(1) Des papiers de couleur placés dans le voisinage des boules feront bien comprendre les les effets des reflets produits par la lumière colorée ou non dans les ombres.

soit apparent. Les hachures pour figurer des ombres sont donc tout aussi conventionnelles que les traits pour figurer les contours.

Il en est de même du feuillé des arbres en lithographie ou en dessin à la mine de plomb; tous ces moyens ne sont bons qu'à exercer les doigts et à prouver de l'habileté, de l'adresse de main et de la patience; mais le fusain et l'estompe sont plus conformes au but du dessin, ou si l'on veut, le lavis monochrome, à l'encre de Chine ou à la sépia. Ceci une fois admis, rien n'empêche de faire préparatoirement, et dans le but unique de se délier les doigts, des pages de hachures qui seraient moins ridicules comme gymnastique des doigts que comme interprétation des ombres.

L'élève qui cherche le point de vue sérieux de l'art en se promenant dans la magnifique galerie des dessins des illustres maîtres que possède le musée du Louvre, verra que ces derniers ont laissé de beaux et savants dessins dans tous les genres. Ils aimaient le dessin à la plume et au lavis. La plume, comme l'entend Charlet, est un excellent outil, commode et peu dispendieux, qui donne à la main résolution et fermeté. Avec lui, point de tâtonnement; il fait aborder la difficulté, sauter le fossé sans le sonder; il guérit de la peur en faisant oser, oser faire mal même; c'est un courage qu'il faut avoir, autrement on n'arrive pas; car souvent qui veut trop bien faire ne fait rien de bien...

« Je n'aime pas à voir un ingénieur (Charlet professait à l'École poly-
« technique) compromettre sa santé et perdre ses heures de soleil, à polir,
« lécher et pointiller de charmants petits riens dans l'album de la châte-
« laine, j'aimerais autant voir un éventail dans les mains de l'Hercule
« Farnèse. — Cherchez dans le dessin à la plume (croquis), la silhouette
« générale, le galbe, le jet, le mouvement, les masses; l'effet pris dans son
« grand aspect, le côté noir et le côté blanc, le reste n'est que du plus ou
« moins de noir et de blanc toujours subordonné au grand aspect, à l'effet
« général, qu'il ne doit ni absorber ni détruire.

« Cette règle ou cet enseignement est bien simple, mais encore faut-il y
« penser; on se jette toujours trop tôt sur les détails, c'est l'ensemble qu'il

« faut avant tout, l'ensemble ! — Hors l'ensemble point de salut. La manie
« et la soif des détails est une maladie dans les arts. On fait de très-grandes
« petites choses; pourquoi? parce qu'il y a peu d'hommes à talent large et
« fort qui résistent à la mode ; on lui cède, on cherche même à le con-
« tenter. »

DES PROPORTIONS

L'étude de la nature et l'étude de l'antique conduiront toujours l'artiste ou l'amateur à la connaissance du vrai et du beau.

On juge tout par la méthode des comparaisons. C'est en envisageant les parties d'un tout par rapport à l'ensemble que l'on en conçoit ce que l'on appelle les proportions. Pour qu'on soit parfaitement agréable, il faut qu'il soit parfait dans ses proportions, c'est-à-dire que sa structure soit conforme à certaines règles observées dans la nature, et établis par l'observation. Pour bien proportionner la figure, dit M. de Clarac, dans le minutieux et remarquable travail qu'il offre aux artistes, on doit prendre pour la hauteur de la tête sans cheveux, *deux fois* la distance au-dessous du menton, au-dessus du milieu de la paupière supérieure, à l'endroit où elle se joint au bord de l'os susorbitaire ou arcade sourcillère.

On remarque encore dans les plus belles statues antiques, dont la pose est droite, trois grandes proportions qui sont presque toujours égales entre elles; ce sont: la distance de la fossette des clavicules au bas du ventre, celle du nombril au-dessus de la rotule et celle de ce point à la plante du pied intérieurement et la jambe étant perpendiculaire. Ces trois mesures, qui embrassent dans leur longueur toute la figure, sont fort importantes.

De la crête des os des îles (ou des hanches, partie avoisinée par le bassin), au milieu de la rotule, il y a aussi, en général, la même distance que de ce dernier point au bas de la partie antérieure du talon.

Si nous feuilletons un volume de planches de l'histoire naturelle des oiseaux, nous sommes étonnés tout d'abord de l'infinie variété de la création, tant sous le rapport des formes que des couleurs ; on est surtout frappé du bec démesuré et des jambes extraordinairement longues qu'on remarque à quelques-uns ; mais il ne faut point nous y tromper, il n'en est pas de la différence que nous trouvons entre le bec d'un oiseau et celui d'un autre, entre les pattes d'un oiseau et celles d'un autre, comme de celle que nous voyons entre le nez d'un homme et celui d'un autre homme. Ici un pouce de plus ou de moins fait toute la différence du plus long nez au plus court, du reste, c'est la même structure et le même usage ; au lieu que dans les diverses espèces d'animaux, le bec, les ongles, la longueur des ailes, et généralement toutes les parties de leur corps ont été réglées sur leurs besoins. Ce sont des outils proportionnés à la nature de leur travail et à leur manière de vivre. Considérons, par exemple, le bec du moineau ; il est petit, le cou et les ongles sont assez courts, ces conditions de structure suffisent ; il vit de menus grains, et n'a pas d'efforts à faire pour atteindre sa nourriture. Il n'en est pas de même pour la bécasse, le courlis et une foule d'autres, qui ont à chercher leur nourriture bien avant dans la terre et dans le limon pour y puiser les coquillages et les vers dont ils vivent ; la nature les a pourvus d'un cou et d'un bec fort longs. On ne peut donc pas les trouver disporprotionnés. Le fait de la disproportion apparente est souvent le résultat de notre irréflexion ; la nature est parfaite et tout y est en proportion, nous pouvons seulement trouver que certaines formes nous plaisent plus que d'autres, étant l'écho ou le souvenir de formes dont ailleurs ont été revêtus des objets à notre goût.

L'étude des proportions n'est que celle des lois de structure des créations naturelles en rapport avec leur but, leur destination ou leurs usages. Les idées d'ordre, de régularité, de symétrie, de pondération ou équilibre y ont toutes leur origine ; il y a proportion dans les lignes, dans les surfaces, dans leurs combinaisons, comme il y a proportion ou harmonie dans les couleurs ou dans les parties d'un tout de création divine, relativement à son ensemble. C'est à imiter ces règles ou lois tirées de l'observation en les appliquant à ses propres œuvres, que l'homme devient créateur dans l'art et parvient au beau, appelé improprement IDÉAL.

Mais la beauté des formes, l'élégance des poses sont dues souvent, dans les arts du dessin, à ce qu'on appelle la disposition du centre de gravité qui règle la possibilité de station en équilibre.

Quelle sensation désagréable, d'inquiétude, pourrait-on dire, nous cause l'aspect d'un mur ou d'un pilier qui manque d'aplomb, d'une colonne dont la base est trop petite, d'une haute maison très-étroite et d'une cheminée démesurément élevée ! D'autre part, plus on examine attentivement ces édifices majestueux dont les parties s'élargissant du sommet à la base, depuis l'ordre corinthien léger jusqu'au dorique massif, plus on a de plaisir et d'admiration, si la symétrie parfaite des formes, leurs qualités d'élégance, de majesté ou de grâce y sont en même temps ajoutées.

Il faut donc nécessairement, pour être dans le vrai, qui est la source primitive de toute beauté, que l'artiste étudie, particulièrement pour le dessin de la figure, ce que c'est que l'équilibre des corps. Quand un homme se tient sur une seule jambe, la ligne de direction de son poids doit tomber dans l'espace recouvert par la plante du pied qui le soutient. La petitesse de cet espace explique pourquoi il est difficile de garder l'équilibre dans une telle position sans faire de mouvement; les deux bras, qui sont deux contrepoids mis en mouvement, feront l'équilibre de chaque côté du corps et de son centre de gravité. On remarque toujours que dans la créature animée, homme ou bête, qui accidentellement vient à perdre un de ses membres, la partie opposée à la partie absente prend, au bout d'un certain temps, des formes qui tendent à rétablir d'une façon particulière l'équilibre rompu par la mutilation.

On voit, en effet, une personne de haute stature privée d'un bras par une amputation quelconque, se voûter bientôt, le haut de son corps s'incline du côté opposé au bras restant pour remplacer, par cette situation, le poids du bras manquant.

OBSERVATIONS. — Le port d'un homme chargé sur la tête doit par conséquent être représenté par une pose droite verticale ; l'inclinaison du corps sera, au contraire, portée en avant, s'il porte un fardeau sur ses épaules ; d'avant en arrière, s'il porte le fardeau entre ses bras. L'inclinaison aura lieu à gauche pour celui dont la main droite porte un seau d'eau.

La maigreur ou l'obésité influent sur l'attitude individuelle.

Les personnes puissantes jettent la tête et les épaules en arrière, le ventre prédomine, ce qui leur donne toujours un air d'importance.

Un piéton semble se pencher en avant quand il monte une côte, et en arrière quand il la descend ; mais, par le fait, il cherche toujours à conserver la position verticale ou à se tenir droit, par rapport à un plan de niveau.

Une personne assise sur un tabouret ne peut se lever qu'en penchant son corps en avant, pour amener le centre de gravité au-dessus des pieds, ou en ramenant les pieds en arrière pour les placer sur le centre de gravité. Dans la course, le centre de gravité se trouve placé en avant de la base de la sustentation ; il faut donc ramener d'autant plus rapidement les pieds au-dessous de ce point qu'on est plus incliné et qu'on court plus vite.

L'homme tirant un fardeau horizontalement ne fait que disposer son centre de gravité en avant de la base ; la force avec laquelle il tend à tomber représente celle avec laquelle il tire.

Les attitudes du danseur ou de la danseuse, sur nos théâtres, semblent faites pour montrer la variété infinie que peut prendre le corps humain en conservant toujours le centre de gravité au-dessus de la base étroite du pied.

Les conditions de la grâce dans la démarche se composent des apparences de la stabilité, de la fermeté jointe à une aisance parfaite remarquée surtout chez les individus qui vivent à la campagne ou se livrent à une gymnastique habituelle ou fréquente.

Une chambre sans meubles paraît beaucoup plus vaste que quand elle est garnie.

Un tout divisé en un grand nombre de parties paraît beaucoup plus petit que le même tout dénué de divisions. Une colonne dont le fût est tout uni, paraît plus haute que celle dont la hauteur est divisée par un certain nombre de filets ou d'anneaux.

Dans le costume, certains accoutrements trompent sur les véritables proportions des personnes. Les modes du premier empire, qui plaçaient la taille des femmes sous les bras, faisaient, par l'accompagnement des jupes en fourreau, paraître les petites femmes beaucoup plus longues et plus grandes par conséquent. Les tailles longues, en d'autres temps, faisaient paraître les jambes plus courtes ; les manches à gigot faisaient paraître les personnes élancées moins maigres en élargissant leurs épaules.

L'art consiste donc à employer judicieusement les proportions, qui ne sont autres que les effets observés en considérant les rapports du volume d'ensemble des objets avec toutes leurs parties considérées en hauteur, en largeur et en épaisseur.

Dans la nature, tout est proportion et contraste, tant sous le rapport des formes que sous celui de la couleur.

Il nous faut comparer pour trouver les qualités de ce que nous considérons. Les qualités éminentes qui nous frappent dans les belles créations sont inhérentes tantôt aux formes, tantôt aux couleurs dont elles sont revêtues. Le cerf et le lévrier, taillés tous deux pour la course rapide, sont physiquement distingués par des formes minces et allongées aux extrémités, dont les courbes rappellent certains oiseaux élancés et construits pour fendre les airs avec facilité. On a nommé ces formes de la qualification désignée par le mot *élégance*, qu'on applique tout aussi bien aux objets de fantaisie, tels qu'un vase ou une coupe, où les formes du cerf, de la gazelle ou du lévrier pourront se retrouver, bien qu'appliquées à un objet qui n'est fait ni pour courir ni pour voler. La lourdeur des formes serait caractérisée par l'éléphant.

AQUARELLE & LAVIS

ORIGINE ET AVANTAGE DE CES PROCÉDÉS

Dans les anciens manuscrits, on enjolivait le texte d'illustrations et de sujets, exécutés sur vélin ou peau de veau mort-né : c'est dans ces ouvrages que l'on vit les premières miniatures ; on prétend même que le mot *miniature* vient de *minium*, nom de la couleur rouge dont on embellissait quelques lettres ornées qui rehaussaient les titres des chapitres.

L'aquarelle, dans son début, n'était qu'un lavis aux teintes légèrement étendues ; sans force, sans chaleur, semblable, en sa façon, aux plans d'architecture et aux cartes géographiques, et d'une valeur artistique tout à fait négative ; tandis que maintenant elle est devenue la rivale de la peinture à l'huile, qu'elle égale parfois en vigueur et qu'elle surpasse souvent en finesse. Les ciels vaporeux, les eaux transparentes, les profils énergiques d'une végétation puissante, se détachant sur des horizons lointains, elle rend tout avec un égal bonheur.

C'est, du reste, un genre de peinture qui convient mieux que tout autre aux amateurs, en raison du peu d'attirail qu'il comporte. S'agit-il, en effet, d'aller s'établir momentanément à la campagne ; veut-on prendre un point de vue, travailler en plein air ; est-il question de s'installer dans un salon pour y prendre séance et faire un portrait demandé ; un portefeuille à gousset, de médiocre dimension, contient le stirator, le papier, la palette et encore la boîte à couleurs.

Si l'on doit travailler dans l'intérieur de la maison, deux verres viennent compléter les objets nécessaires ; si c'est dehors, il suffit d'emporter une petite bouteille pleine d'eau, avec un double godet en fer-blanc.

Pour une femme surtout, l'aquarelle a des avantages réels en dehors de ses résultats : là, point d'odeur d'huile rance, point d'essence de térébenthine portant à la tête, point de risque de se tacher, qui impose la nécessité de bouts de manches et d'un tablier, deux choses assez maussades dès qu'on travaille hors de l'atelier, et fort peu gracieuses à produire aux regards.

Nous ne devons pas dissimuler néanmoins que ce genre de peinture comporte de grandes difficultés : contrairement à l'huile, où les lumières s'empâtent avec du blanc et peuvent se rattraper après coup, les lumières de l'aquarelle doivent être réservées, en sorte qu'il est nécessaire de veiller sans cesse sur son ébauche pour ménager les effets que des teintes trop lourdes pourraient détruire. On obtient des lumières assez vives avec le grattoir.

Quant aux parties vigoureuses de l'aquarelle, on ne saurait les obtenir que par des teintes superposées et composées de manière que, dans l'ombre la plus obscure, il existe une espèce de transparence qui la fasse harmoniser avec les parties chaudes et colorées des teintes et des lumières.

L'aquarelle n'est donc pas un genre dans lequel on puisse exceller sans de longues et sérieuses études ; et comment en serait-il autrement, puisqu'on peut y produire au jour, comme sur la toile, le talent du compositeur, du dessinateur et du coloriste, en y ajoutant la qualité d'une volonté persistante, indispensable pour arriver à un résultat aussi complet, avec des ressources beaucoup moindres que celles qui existent dans les autres genres ?

DES OBJETS NÉCESSAIRES

Un assortiment de couleurs Rowney ou Chenal ;
Une douzaine de feuilles de papier Whatmann ;
Deux douzaines papier ordinaire raisin ;
Un petit et un grand stirator ;
Deux planchettes quart et demi-raisin ;
Deux éponges très-fines ;
Un morceau de colle à bouche ;
Une douzaine de pinceaux assortis ;
Une demi-douzaine de hampes ;
Deux verres et leurs soucoupes ;
Une palette en faïence ;
Un couteau à palette à l'huile ;
Une molette à broyer ;
Un carré de glace pour broyer les couleurs en poudre ;
Une bouteille de gomme ;
Une pastille de blanc léger : le banc de zinc en gouttelettes de madame Mantois et très-recommandable ;
Une règle ;
Un compas à balustre avec crayon et pointe de rechange ;
Une équerre ;
Un canif ;
Un morceau de gomme élastique ;
Une douzaine de crayons Brockman ou Rowney. Les crayons Gilbert sont aussi excellents.

CHOIX DU PAPIER

Le papier Whatmann, grain fin, est celui qu'on doit préférer pour l'exécution de l'aquarelle, particulièrement pour les petits sujets.

Il faut le choisir avec soin, de façon à ce qu'il ne contienne aucune petite tache de rouille, et le regarder en transparence pour s'assurer qu'il n'y existe aucun faible ou point blanc, car un manque de cette nature, s'il se trouvait dans une figure ou dans un ciel, vous ferait courir le risque de recommencer votre travail.

Le grain plus ou moins fin du papier influe trop immédiatement sur l'exécution pour être traité avec indifférence.

Il faut préférer le papier lisse et fin de grain pour les sujets qui ont de la délicatesse ; les petits sujets, qui demandent une grande fraîcheur de touche et de coloris, tels que les fleurs, les petites figures à costumes de genre, ou de petites vues, qui prendraient un aspect presque repoussant sur le papier torchon. On doit proportionner le grain du papier à l'importance et au fini du sujet, et on doit également y proportionner aussi l'abondance de l'eau dans la couleur. Il faut mettre beaucoup plus d'eau dans les grandes teintes sur papier torchon que sur les autres papiers, et opérer avec le pinceau simplement humide sur le papier lisse ; sur le bristol, qui ressemble presque à l'ivoire, le mode de travail se pratiquera presque à sec : trop d'eau empêcherait les couleurs de prendre. Ce papier demande à être peint très-franchement et sans revenir pour obtenir les vigueurs ; il offre de grands rapports avec le travail de la miniature. Le bristol français a souvent l'inconvénient de se pelucher si on le fatigue sous le travail d'un pinceau assidu ; et, règle générale, l'aquarelle, sur quelque papier que ce soit, exige la plus grande franchise du coup de pinceau.

COULEURS NÉCESSAIRES

Gomme-gutte.
Jaune indien.
Safran.
Laque jaune.
Terre de Sienne naturelle.
Terre de Sienne brûlée.
Ocre jaune.
Ocre de rue.
Pierre de fiel.
Vermillon.
Minium.
Laque carminée.
Laque de garance.
Carmin de garance.

Brun de Madère.
Brun rouge.
Brun de Van Dyck
Rouge indien.
Sépia.
Teinte neutre.
Noir de bougie.
Noir de lampe.
Vert minéral.
Cobalt.
Outremer.
Bleu de Prusse.
Indigo.
Encre de Chine.

Nous donnons ici la liste des couleurs anglaises :

Camboge.
Indian yellow.
Roman ochre.
Yellow ochre.
Gollstone.
Burnt Sienna.
Crimson lake.
Brown madder.
Indian red.
Chinese vermillon.
Minium ou red lead.
Cobalt.

Gomme-gutte.
Jaune indien.
Ocre de rue.
Ocre jaune.
Pierre de fiel, semblable au stil de grain.
Sienne brûlée.
Laque carminée.
Laque brûlée, dite brun de Madère.
Rouge indien.
Vermillon chinois.
Minium ou plomb rouge.
Cobalt.

Prussian blue.	Bleu de Prusse.
Indigo.	Idem.
Van-Dyke brown.	Brun Van-Dyck.
Burnt omber.	Ombre brûlée.

La terre d'Ombre provient d'un pays qu'on appelle (Ombre) des États Romains.

Sepia.	Idem.
Zinc-white ou flake-white.	Blanc de zinc.
Carmine.	Carmin.
Cadmium.	Idem.

Ces couleurs se trouvent généralement chez tous les marchands.

DE L'EMPLOI DES VERRES ET DES SOUCOUPES

Pour ne pas se trouver forcé de changer son eau trop souvent, il faut avoir toujours un de ces verres qui ne servent qu'à contenir l'eau dont on délaye les tons sur la palette. Dans l'autre on lave les pinceaux en ayant soin de les dégorger d'abord dans la soucoupe sur laquelle il est posé ; de cette façon, on peut travailler une longue séance sans avoir besoin de se déranger.

EMPLOI DE LA PLANCHETTE, DE L'ÉPONGE ET DE LA COLLE A BOUCHE

On prend de l'eau bien propre dans l'éponge, qu'on presse légèrement, et, après avoir posé le carré de Whatmann qu'on veut coller, sur une feuille de papier ordinaire, on en humecte l'envers et on la laisse se ressuyer quelques instants, pendant lesquels on coupe un morceau de papier ordinaire, moins grand d'un travers de doigt que celui qu'on vient de mouiller ; on le place au milieu de la planchette, puis on prend la feuille humectée et on la pose bien carrément, l'envers sur le morceau de papier ordinaire, qui doit servir d'intermédiaire entre la planchette et le Whatmann, afin d'éviter sous l'aquarelle la transparence du bois, transparence qui empêcherait de juger de la pureté et de la valeur des tons.

Pendant tous ces préparatifs, on a dû mettre la colle à bouche entre ses lèvres afin de l'amollir et de la rendre propre au service qu'on en attend. Il est temps alors de la glisser sous la feuille Whatmann, en observant de coller d'abord les quatre coins, puis les quatre milieux ; pour cela, on a dû préparer une petite bandelette de papier, pliée en double, qu'on fait courir sur le bord à mesure qu'on passe la colle en dessous, et par-dessus laquelle on appuie en frottant ferme, soit avec un petit onglet en porphyre, dont quelques personnes se servent de préférence, soit, ce qui vaut mieux, avec l'ongle du pouce de la main droite, car il ne saurait y avoir, dans quelque instrument que ce puisse être, l'intelligence qui réside dans le toucher.

Deux observations sont à faire pour en finir avec le papier et le collage du papier : c'est, d'une part, que l'endroit de chaque feuille est le côté où se lit le nom du fabricant, et, de l'autre, que lorsqu'on humecte le papier, il faut le faire avec l'éponge pressée au préalable, de façon à ce que la feuille ne soit mouillée que très-légèrement, sans quoi elle goderait de telle sorte, qu'on aurait mille difficultés à la coller bien carrément et comme elle doit l'être. Si la feuille de Whatmann dont on se sert est coupée en deux ou en quatre, et qu'on emploie d'abord le coin où se trouve le nom, on doit marquer les morceaux qui restent d'un signe qui en fasse reconnaître l'endroit.

DE L'EMPLOI DU STIRATOR

Le stirator est surtout nécessaire lorsqu'on veut peindre d'après nature, parce que si, en voulant saisir un effet quelconque, on en est mécontent, et si on souhaite le recommencer, il ne s'agit que de mouiller une nouvelle feuille à l'envers, de la poser bien carrément sur la toile du stirator, et de la pincer de manière à ce que, une fois la feuille séchée, elle soit parfaitement tendue.

L'avantage du stirator sur la planchette est de pouvoir mouiller avec l'éponge par derrière pour pouvoir obtenir un travail flou, — c'est-à-dire tout à fait fondu ou simplement moelleux et adouci selon le plus ou moins d'humectation qu'on donne par derrière, tandis que le pinceau exécute par devant. On comprend que, pour une personne un peu lente, il est nécessaire, pour l'ébauche qui doit se faire un peu partout, d'humecter partout où l'on travaille afin de fondre, ou tout au moins d'empêcher les teintes qu'on pose de se cerner en séchant; toute l'attention de l'aquarelliste doit être tendue vers le gouvernement de la couleur, du pinceau et de l'eau simultanément. On ne deviendra habile dans l'art que par une grande expérience et beaucoup d'observation et de tact.

Il faut acquérir une parfaite connaissance de la porosité plus ou moins grande du papier, et apprendre à le rendre absorbant à volonté par l'humectation ou le mouillage abondant.

Pour le lavis des plans on ne saurait employer le stirator, car la plupart des plans s'exécutent sur de très-grandes feuilles de papier.

INCONVÉNIENT DU PAPIER TENU TROP MOUILLÉ

Il faut, toutes les fois qu'on sera obligé de mouiller le papier à l'endroit, partiellement ou en totalité, avant d'y passer de nouveau le pinceau, s'assurer, par l'aspect mat que sa surface doit présenter en regardant de côté, que toute l'eau est absorbée ; il ne doit plus reluire. Trop d'humidité expose à ce que le papier se crève sous le poids de la main ou se creuse sans remède, en formant ensuite des réservoirs où vos teintes vont se réunir, malgré vos efforts, en sillons capricieux d'où résulteront des taches et les nuances les plus imprévues.

LES COULÉS (Terme de métier)

Lorsqu'on veut, sur un objet déjà teinté, obtenir un point très-vigoureux, jugé nécessaire dans certaines ombres, on remouille légèrement cette teinte et, pendant qu'elle est encore humide, on insère à cette place un point de sépia ou tout autre brun très-épais.

LES ENLEVÉS

On obtient par enlevage certains effets de reflets ou même de lumière vive ; il faut pour cela toucher avec le pinceau mouillé juste à l'endroit où doit être le reflet de la lumière cherchée, et à l'aide du doigt enveloppé d'un morceau de soie ou de foulard, appuyer fortement en frottant de droite à gauche ou de gauche à droite en appuyant plus ou moins fort. Ce moyen est commode pour enlever dans un terrain des petits détails en clair, des pierres ou des aspérités de ruines ou murailles, ainsi que des formes de feuilles dans des masses d'arbres où l'on veut faire voir plus de détails qu'on n'en avait mis. On y repasse ainsi diverses teintes de glacis qu'on superpose avec intelligence.

DE LA PALETTE

Les palettes les plus commodes sont de la forme d'un carré long, aussi grandes que possible. Les couleurs doivent y être délayées sur les côtés dans l'ordre le plus rapproché des couleurs du prisme. Le centre de la palette resté libre est réservé pour y opérer le mélange des teintes. Sous peine de se servir de tons sales et dénaturés, il faut la nettoyer chaque jour avant de s'en servir avec une éponge consacrée à cet usage ; les tons frais surtout ont besoin de toute la pureté possible ; car s'ils se trouvaient ternis ou rompus par le mélange des tons d'ombre là où l'on aurait voulu mettre un ton lumineux, on n'aurait qu'une demi-teinte.

On peut également avoir une palette d'ivoire comme celle des miniaturistes ; mais, l'on tient à éviter de la dépense, la première assiette venue peut suffire, et si l'on veut délayer ses couleurs dans des coquilles de moules parfaitement propres, il n'y a aucun inconvénient à le faire.

La palette d'ivoire des miniaturistes est très-commode à cause de sa légèreté, qui la rend très-portative, même dans un portefeuille à dessin.

On vend aussi actuellement des boîtes à couleurs en tôle peintes à l'huile ; et contenant des couleurs en pastille, et servan ten même temps de palettes, les couleurs en pastilles sont d'un prix inférieur aux autres, mais ont l'inconvénient de se briser à la longue en se desséchant. Cependant, en les achetant chez certains fabricants consciencieux, on les trouvera aussi bonnes que les couleurs en pain ; il faut seulement en épousseter ou laver souvent la superficie qui se charge très-facilement de poussière, car, de même que dans la peinture à l'huile, les atomes poudreux font tache dans les teintes, et nuisent à la limpidité ou pureté des effets.

DU CHOIX DES PINCEAUX
COMMENT IL FAUT S'Y PRENDRE POUR LES HAMPER

Les pinceaux dont on se sert dans l'aquarelle sont en martre ou en petit-gris. Pour choisir un pinceau, il faut en mouiller le poil dans un verre d'eau, en ôter le trop-plein, puis l'appuyer sur la paume de la main gauche, tandis qu'entre le pouce et l'index de la main droite, on le fait rouler de manière à façonner le poil en une pointe parfaite.

Si, en cet état, cette pointe se montre peu fournie et trop amincie, le pinceau est mauvais, car, étant trop flexible, il ne saurait se relever lorsqu'il s'est courbé en se desséchant sur le papier.

Il faut se défier aussi d'un pinceau trop ventru, car, ayant le défaut de prendre trop de couleur, il est difficile de s'en rendre maître, et souvent il arrive que, tandis que sa pointe étend la couleur où l'on veut qu'il y en ait, son ventre en met où il n'en faudrait pas, et déborde les contours qu'on doit ménager.

Enfin, si, en essayant sur la main la pointe d'un pinceau, quelques poils s'échappent du centre commun et s'en vont de çà et de là, il faut le mettre au rebut sans miséricorde.

Lorsqu'on veut hamper un pinceau, c'est-à-dire le monter après le petit bâtonnet appelé hampe, il faut d'abord le faire tremper dans un verre d'eau, et n'introduire la hampe dans le tuyau de plume que quand il est bien humecté ; autrement la plume pourrait éclater et se fendre, et ce serait un pinceau perdu.

Les pinceaux doivent être emmanchés (ou hampés) deux à deux, l'un devant servir pour étendre la couleur, et l'autre pour la fondre ; il faut les acheter assortis, de manière à ce que les plus gros puissent laver les ciels, les terrains, les draperies, tandis que les moyens indiqueront les ombres, les retouches, l'ébauche des chairs, et que les plus petits seront utilisés pour les travaux délicats et qui demandent de la précision et de la fermeté.

On ne doit jamais négliger de laver les pinceaux quand on a achevé de travailler, spécialement si on s'est servi de gomme en les employant.

Il faut avoir soin de ne pas se servir du même pinceau pour les lumières et pour les ombres, car on produirait des tons sales et faux. Il est bon de placer dans les boîtes à pinceaux un morceau d'alun et quelques rognures de cigare pour empêcher les mites de détériorer les poils.

Exercices préliminaires conseillés aux amateurs pour l'étude du maniement du pinceau dans le lavis en général

La qualité et la contexture du papier, la manière dont il est encollé, la position horizontale, inclinée ou verticale, dans laquelle il se présente sous l'action du pinceau, les inclinaisons diverses du pinceau lui-même, plus ou moins chargé de couleur, plus ou moins humide, la rapidité ou la lenteur calculée de la pose de chaque touche, constituent l'ensemble des points à signaler à l'attention particulière des amateurs, et qui feront l'objet de notre examen détaillé ci-dessous.

On se procurera des papiers blancs, de différentes sortes de grain, depuis la plus grande force (dit gros papier torchon) jusqu'au papier le plus lisse et le plus fin, pour faire connaissance avec le genre de travail de lavis qu'on devra adopter sur chacun. On pourra tendre sur un carton ou sur plusieurs petits bouts de carton des carrés de chacune de ces sortes de papier, et l'on procédera sur le papier à gros grain d'abord, qui est ordinairement très-fort et très-collé. L'on prendra successivement ensuite les papiers d'un grain moins saillant jusqu'à ce qu'on arrive au plus lisse.

On prendra d'abord un gros pinceau portant son auxiliaire, humide et sans couleur, à l'autre bout de la hampe, comme il a été dit à l'article *pinceau*. On le chargera d'eau et d'une couleur quelconque que l'on délayera sur la palette en faïence, en roulant le pinceau dans les doigts jusqu'à ce que la teinte se présente bien liquide et sans petits grains. Alors, après avoir tracé légèrement sur le papier les contours d'un espace et d'une forme arbitraires, comme par exemple la surface d'un département ou d'un pays représenté sur une carte topographique, on se proposera de le remplir d'une teinte lavée, parfaitement unie et nette sur ses bords. On commencera par couvrir un espace dont l'étendue sera un peu moindre que le fond d'un verre à boire; les grandes teintes étant plus difficiles à obtenir, on humectera premièrement avec le pinceau chargé d'eau sans couleur tout l'intérieur à remplir, en ayant soin de ne pas arriver jusqu'au bord qui est tracé et de laisser entre ce bord et l'eau qu'on a posée un petit filet sec de la largeur de deux ou trois lignes; on se servira du pinceau chargé de couleur en partant de l'intérieur du trait de crayon allant vers le mouillé dans lequel chaque coup de pinceau se fondra vaporeusement. On fera tout le pourtour et on remplira en second lieu et rapidement l'intérieur de la surface à couvrir, en chassant toujours vers la partie centrale et humide ce que le pinceau peut contenir de surabondance de couleur; s'il se forme une goutte trop chargée, on l'étend avec un pinceau sec.

LES PINCEAUX, LA TOUCHE ET L'INCLINAISON OU POSITION QU'ON DOIT ADOPTER POUR SON TRAVAIL

Si l'on tient le pinceau incliné, la couleur descendra moins abondamment dans sa pointe, et, par conséquent, si on veut donner une touche ferme et large en même temps, il faut y ménager l'eau pour empêcher la couleur de descendre *trop vite;* pour faire des touches vives, nettes et vigoureuses, on doit mettre peu d'eau et employer un pinceau moyen ou petit, à pointe bien fine, et le tenir verticalement. Pour faire un ciel dégradé, on peut incliner son stirator en tenant la partie foncée vers la poitrine et la partie claire en haut : de cette manière l'inclinaison du stirator sur le pupitre aide la couleur à se dégrader du clair au foncé.

L'élève comprendra par la pratique et un peu d'attention sur ces essais, que le but qu'on a cherché en humectant préalablement la masse intérieure de l'espace à colorer d'une teinte plate, a été d'empêcher les coups de pinceau successifs de se voir dans leurs reprises, puisqu'ils se fondent dans l'eau qui n'a pas eu le temps de s'évaporer.

Il sera utile, pour se convaincre du rôle de l'eau pure pour fondre la couleur, d'expérimenter sur des gouttes d'eau de divers diamètres et plus ou moins liquides, et de les charger de couleur en les touchant dans le centre avec la pointe d'un pinceau plus ou moins fournie de matière colorante quelconque ; on les laissera sécher d'elles-mêmes, et l'observation des divers résultats obtenus démontrera suffisamment le principe de toute dégradation de teintes claires ou foncées au moyen de l'eau.

Une série de petites gouttes d'eau contiguës, de la grosseur d'un pois et rangées les unes près des autres, chargées avant qu'elles sèchent d'une quantité suffisante de couleur arbitraire, couvriront le papier d'un travail analogue à celui dont on se sert pour ébaucher le feuillé de certains paysages.

Si l'espace qu'on voudrait peindre uniformément était plus étendu, comme l'est un ciel, on humecterait le papier avec l'éponge, mais il faut avoir soin de ne charger de couleur que lorsque le papier mouillé ne présente plus de parties luisantes d'eau, mais un aspect demi-mat et uniformément mat, qu'on peut, du reste, obtenir en tamponnant le mouillé légèrement avec un petit linge fin.

L'élève remarquera que le papier à gros grain prend plus difficilement la couleur sans être mouillé, le pinceau n'atteignant pas immédiatement le fond creux qui existe entre les grains; que de plus, par l'effet même de cette contexture sinueuse, les couleurs lourdes, telles que le cobalt, par exemple, et d'autres, y déposent des points qui font tache dans tous ces creux, sortes de vallées où s'accumulent les atomes colorés formant des lacs azurés.

Cette observation démontre la nécessité de ne pas travailler les teintes de cobalt, ou qui en renferment, en mouillant préalablement avec trop d'abondance; car si la charge du pinceau de couleur était trop forte par-dessus l'eau dont on aurait imbibé le papier, le cobalt, qui ne surnage pas, irait immédiatement se loger au fond des grains et ne laisserait que trop peu de ces molécules à la surface des points saillants, d'où résulterait nécessairement une teinte bleue semée de points plus foncés.

Le papier dit *torchon* offre à l'artiste l'avantage des effets croustillants qui conviennent à de grands dessins qui doivent être traités avec hardiesse; il favorise, par ses aspects spongieux et éraillés, obtenus par un pinceau rapide, l'imitation des murailles, des rochers, et, en général, de toutes les surfaces raboteuses. Il est moins propice au moelleux des nuages et au modelé d'une tête féminine, dont la grâce et la jeunesse résulteraient des passages arrondis de toutes les parties du visage.

Il est très-important d'expérimenter sur chaque exercice avec patience, persévérance et méthode; et, pour ne pas fatiguer l'attention de l'élève, nous recommanderons de ne pas compliquer cette étude par celle des mélanges. Elle viendra à son tour. La première chose à apprendre est le maniement du pinceau sur divers papiers de différentes qualités, avec une couleur sans aucun mélange, prise au hasard sur la palette (1). Elles ne se délayent pas toutes avec une égale facilité.

La seconde est d'opérer sur tous les papiers et successivement avec des rouges, des jaunes, des oranges, des bleus, etc., etc., isolément, pour faire connaissance avec le plus ou moins de facilité qu'on éprouve à les étendre, à les fondre et à les retoucher sans dépouiller le dessous.

On s'exercera, en troisième lieu, à tirer le pinceau chargé le long d'une ligne parfaitement droite, en le faisant agir de gauche à droite et de droite à gauche, de manière que sa pointe suive sans aucune déviation la droite tracée; on descendra, et, à mesure que les bandes se traceront, on en adoucira le bord avec le pinceau auxiliaire humide, afin qu'en reprenant une seconde zone, il ne se forme pas d'arête, et que la seconde, la troisième, la quatrième, etc., bandes se confondent avec la première en une seule et sans aucune tache. Pour faciliter ce travail, il est bon d'humecter préalablement avec l'éponge le papier, et comme il arrive que certains papiers sont quelquefois rebelles à prendre la couleur qui se retire des parties grasses que leur surface peut avoir, on corrige cet inconvénient en dissolvant dans l'eau du verre une petite partie d'une préparation de fiel de bœuf, que vendent les marchands de couleur à cet effet. Il ne faut en mettre que très-peu ; cette substance doit à peine colorer l'eau d'une teinte imperceptible. On peut aussi dissoudre un peu d'alun dans le verre, cela fixe les couleurs en les faisant adhérer au papier.

(1) Elles n'ont pas le même aspect de jour qu'à la lumière d'une lampe, les jaunes clairs y paraissent blancs, le cobalt semble gris, le bleu de Prusse parait verdâtre.

LAVIS A L'ENCRE DE CHINE
POUR PLANS, FAÇADES ET COUPES D'ARCHITECTURE

La meilleure encre de Chine est celle qui donne un ton légèrement roussâtre et qui n'a point de crudité, défaut qui se remarque dans la mauvaise.

Un papier bien uni, blanc, bien collé, sans autre apprêt, est fort important. C'est l'encre de Chine qu'on emploie habituellement dans le lavis des plans des façades et des coupes d'architecture.

Le trait du dessin une fois arrêté, il faut le moins possible, pour effacer, employer la gomme élastique ou la mie de pain, qui ont toujours l'inconvénient de graisser et occasionner toujours un peluchage à la superficie du papier. Cependant, comme il n'est pas toujours possible d'éviter d'effacer, on y remédiera en ayant soin, après la mise au trait le plus légèrement et nettement exécutée, de passer par-dessus une eau pure, sans y appliquer l'éponge autrement que pour étancher l'eau des endroits où les ondulations pourraient la faire séjourner inutilement.

Première teinte générale. — Elle doit être d'un ton précisément tel, qu'il ne faille pas revenir avec une seconde teinte sur les parties qui doivent être éclairées de reflets. Ne mettez jamais une teinte plus faible sur une teinte plus forte, vous tomberiez dans la mollesse. Pour plaire à l'œil, il suffira d'un travail franchement exécuté au moyen de trois teintes graduées de force les unes sur les autres. On ménagera avec soin les ombres produites par reflets, ainsi que les contre-ombres au-dessus des parties saillantes, comme les architraves, corniches et autres saillies qui les détacheront des corps auxquels elles appartiennent.

On fera également ressortir les portes et les fenêtres par une teinte ferme et presque noire, adoucie vers le bas. Quand toutes vos teintes sont en harmonie, et que les teintes plates sur les corps lisses, en accord avec les divers plans, sont posées, on fait ressortir par des tons plus prononcés tous les ornements pour les détacher de leur fond ; et, en dernier lieu, on donne les touches les plus vigoureuses pour en faire valoir les détails.

Les plans pour les concours de l'École des beaux-arts se lavent ou se *pochent* en noir ; ceux des projets pour les constructions, soit d'édifices ou de maisons, en rouge (carmin ou laque), et ceux des projets de restaurations laissent voir les parties à conserver pochées en noir, celles que l'on projette en rouge, et en jaune celles qu'on veut démolir. Il y a, pour le lavis des plans topographiques, des conventions de nuances d'aquarelles et des mélanges colorés adoptés pour représenter des champs, des arbres, des forêts, des villages. On trouve tous ces détails dans les ouvrages sur les travaux d'arpentage du génie civil ou militaire.

LAVIS A LA SÉPIA

Pour délayer la sépia, on emploie quatre godets en porcelaine blanche ; on en remplit trois de trois teintes dégradées de sépia, comme pour l'encre de Chine, et un de terre de Sienne ou de chicorée.

Les trois teintes de sépia de forces différentes s'emploient suivant l'éloignement des plans du paysage. S'il faut modifier la force de ces teintes, on les force en y ajoutant de la couleur, et on les affaiblit en les étendant avec de l'eau pure. On doit avoir deux verres d'eau, l'un pour laver le pinceau, l'autre pour fournir de l'eau pure au besoin.

Évitez, quand vous avez passé une teinte sur le papier, de repasser dessus avant qu'elle soit entièrement sèche. Commencez par les ciels, dont les nuages doivent être traités légèrement ; on les éclaircit ordinairement à mesure qu'ils descendent vers l'horizon. Passez ensuite à l'horizon ; il faut tenir légères et faibles les teintes des lointains ; les montagnes et les forêts ne doivent être qu'indiquées par des silhouettes.

A mesure que les plans se rapprochent, on cherche les masses d'ombre et de lumière en les touchant d'une manière de plus en plus ferme. La terre de Sienne s'emploie dans les premiers plans seulement, sa couleur rousse donnant plus de chaleur et de relief au modelé.

Le lavis à la teinte neutre s'emploie comme l'encre de Chine, et nous n'en ferons par conséquent pas une description particulière.

TEINTES PLATES

On remplira ainsi de teintes plates des carrés longs, tracés légèrement au crayon et de différentes grandeurs, les uns horizontaux, les autres verticaux, puis des triangles de diverses formes, des polygones, etc., pour apprendre à faire agir le pinceau et la main en toutes directions avec liberté et sûreté, et à ne point faire des taches dans les teintes plates, claires ou foncées. On s'exercera sur de petites surfaces d'abord, et l'on finira par en couvrir de plus grandes.

Pour obtenir avec parfaite régularité une teinte quelconque, on sera toujours sûr d'arriver à un bon résultat en ayant soin de fondre immédiatement, avec le pinceau humide, chaque touche du pinceau qui couche la couleur, si la teinte à appliquer doit s'étendre sur beaucoup de surfaces (c'est ainsi, du reste, que le pratiquent les architectes). On prend un petit carré de papier fort et bien collé que l'on glisse de manière à en faire un petit godet, et l'on y jette avec un gros pinceau quelques gouttes d'eau, où l'on délaye en quantité suffisante la teinte qu'on veut, et l'on est ainsi plus sûr de ce qu'on veut appliquer. On s'épargne ainsi la difficulté qu'on éprouve toujours, surtout en commençant, de retrouver précisément la même valeur de ton de la couleur qu'on cherchait à employer.

Aux exercices de teintes plates, claires ou foncées, dans des espaces rectilignes, ou terminés par des lignes droites, on fera succéder des essais analogues sur des espaces circulaires, ou terminés par des courbes.

Après avoir acquis l'habitude pratique des teintes plates de toutes formes, on s'occupera de la dégradation des teintes. On commencera par une ligne droite, le long de laquelle on fera suivre un pinceau avec égalité de mouvement, sans déviation et sans repasser trop souvent. On fondra à mesure le bord d'un côté avec de l'eau. On apprendra ainsi entre deux lignes parallèles, en fondant régulièrement du bord tracé vers l'intérieur, à donner l'apparence d'une surface cylindrique arrondie comme une colonne, et, en agissant pareillement sur le tracé d'un cercle vers le centre, on obtiendra la rondeur sphérique d'une boule.

Il sera utile de mettre sous les yeux de l'élève une bille ou boule de billard, et, dans un cercle tracé au compas, de lui en proposer l'imitation au moyen de ce qu'il sait dégrader une teinte avec de l'eau.

Il vaudra mieux, pour la plus prompte satisfaction d'un amateur qui veut acquérir de l'habileté au lavis, commencer par de petits sujets de fabriques où il y a beaucoup de teintes plates, et de bien se rendre maître de l'exécution dans le lavis (dit monochrome ou camaïeu) à la sépia, à l'encre de Chine ou au bistre, avant de chercher à copier une aquarelle. L'enluminage de la lithographie, dont nous donnons ici les notions, est un fort bon acheminement pour arriver à l'étude de l'aquarelle, et il peut être toujours amusant et agréable aux personnes qui n'ont même pas les premières notions du dessin.

Nous ajouterons ici, avant de terminer ce chapitre, la recommandation de faire les exercices décrits précédemment avec différentes grosseurs de pinceaux, pour en apprendre tous les effets, ainsi qu'avec des pinceaux plats et carrés. On s'exercera aussi à faire des essais de ciels dégradés, et où les nuages blancs s'obtiendraient en réservant leurs contours et en fondant les bords pour éviter les duretés. On remarquera que la teinte plate ou dégradée demande toujours une humidité égale de pinceau pendant tout le temps qu'on met à l'exécuter, et que si, par hasard, on y laissait tomber une goutte d'eau, il s'y formerait immédiatement une tache blanche.

On peut enlever des clairs sur une teinte quelconque en touchant, dans la forme voulue par le sujet, avec de l'eau pure qu'on laisse un instant sur place, et en frottant rapidement avec un chiffon de soie.

ÉTUDE EXPÉRIMENTALE DU COLORIS

Il faut que l'élève débute par tracer sur le papier deux lignes à égale distance l'une de l'autre, ou parallèles, et qu'il en remplisse l'intervalle d'une teinte plate uniformément étendue de couleur rouge, il obtiendra une bande rouge; qu'il trace ensuite sur cette bande, comme base, deux autres bandes de même largeur et longueur, disposées de manière à former avec la bande rouge un triangle équilatéral; qu'il en remplisse le tracé par du jaune sur le second côté croisant sur la bande rouge, et par du bleu croisant sur le jaune; le triangle obtenu sera formé de trois bandes de couleurs dites primitives, ou mère de toutes les autres; on observera qu'elles produisent aux angles où les bandes se croisent, premièrement, le rouge avec le jaune : *l'orange;* secondement, le jaune avec le bleu : *le vert;* troisièmement, le bleu avec le rouge : *le violet.*

Si le triangle en question, où l'on voit en effet aux trois angles les couleurs *orange, vert* et *violet*, est exécuté avec des couleurs claires, ces dites couleurs, données par le croisement ou mélange des couleurs mères, seront claires; si le triangle était, au contraire, formé de bandes foncées, les mélanges seraient foncés. Si l'élève veut s'exercer de cette manière, il pourra le faire en traçant, à l'intérieur du triangle et à l'extérieur, des lignes parallèles à égales distances, de manière à former des séries de triangles équilatéraux, qu'il remplira de bandes colorées de chaque couleur mère, par gradation du clair au foncé, appliquant les teintes rouges du côté de la bande rouge, etc., etc., de plus en plus foncé vers le centre, conservant les teintes claires pour les bandes extérieures au premier triangle.

On obtient au compas un triangle équilatéral en traçant d'abord un cercle, et, après avoir porté six fois l'ouverture du compas qui a servi à tracer le cercle sur la circonférence, on joint les six points par des lignes droites, ce qui donne un polygone régulier de six côtés ; donc, pour avoir le triangle, qui est un polygone de trois côtés seulement, on joindra les points par trois lignes. Partant d'un point, on négligera le voisin, on tirera une ligne sur le point suivant, et ainsi de suite, allant de droite vers la gauche, ou de gauche à droite indifféremment.

On verra par l'expérience analogue, faite également d'après le même système sur des triangles à bandes parallèles, ce que deviennent, par le croisement ou mélange, l'orange, le vert et le violet. On peut, par cette succession d'exercices, acquérir une idée mathématiquement exacte de tous les bruns et de toutes les combinaisons imaginables. L'élève fera bien également de fixer à part, sur une feuille de papier spéciale, chaque teinte de couleur composée sur un rond et à côté de deux ronds se recouvrant partiellement et indiquant les deux couleurs qui ont servi à former le composé. Cette méthode, tout expérimentale, suffira à fixer dans la mémoire l'impression de la couleur cherchée.

On remarquera qu'en mêlant ensemble à proportions égales du rouge, du jaune et du bleu, il en résulte toujours une espèce de noir. Récapitulons :

Le rouge et le jaune donnent l'orange ;
Le jaune et le bleu, le vert ;
Le bleu et le rouge, le violet ;

ce qui, dans l'ordre des couleurs du prisme ou de l'arc-en-ciel, fournit la disposition des zones rouges, oranges, jaunes, vertes, bleues et violettes, qu'on peut exercer l'élève à obtenir, en les fondant les unes dans les autres par bandes circulaires formées de demi-cercles concentriques.

Autres remarques sur les mélanges.

Si l'on veut, par exemple, faire un composé orange dans les conditions que j'appellerai normales, on mettra égale quantité de rouge, égale quantité de jaune, et ainsi de tous les autres mélanges ; il est aisé de concevoir que si l'on augmente l'une ou l'autre des couleurs composantes, le mélange tirera sur celle qui aura été employée le plus abondamment.

Nous avons à fixer l'esprit sur ce qu'on entend par qualité de la couleur.

Les couleurs se présentent à nos yeux sous les apparences les plus variées ; leur éclat dépend de la lumière plus ou moins vive qui les éclaire ; cette étude est par conséquent immense, et l'attrait qui s'y attache est infini comme la nature. L'œil, cependant, n'est pas impressionné de la même manière par les couleurs chez tous les individus de la race humaine.

Les couleurs des fleurs ont un éclat quelquefois lumineux comme le feu, tel est le géraninm d'Afrique. Celle du ciel, la verdure des prés nous reposent la vue; d'autres, comme le blanc resplendissant du soleil, nous blessent et laissent pendant quelques instants des taches noires, rouges ou vertes dans nos yeux, après avoir trop fixement regardé.

L'observation continuelle de tous les effets produits sur nos yeux par les objets colorés qui nous entourent, constitue l'étude journalière du peintre. Pour en tirer le meilleur profit, il faut, comme pour tout ce qu'on veut étudier, savoir diriger notre attention en partant du facile pour nous conduire au difficile.

Pour bien comprendre les couleurs, il s'agit d'apprendre à bien voir et à saisir les contrastes.

Il y a deux choses à considérer dans la couleur : 1° la couleur elle-même; 2° son entourage ou son voisinage. Le rapport de deux ou plusieurs couleurs entre elles et ce qu'on nomme leur contraste, qu'il faut bien distinguer de leur *mélange*.

Le contraste est un *contraste de ton* ou de nuance, lorsqu'on voit, par exemple, une teinte brun clair à côté du même brun plus foncé. Mais, si vous aviez un brun clair à côté d'un brun plus foncé, et qu'à ce brun plus foncé vous mélangiez une couleur quelconque, vous auriez un contraste **mixte**, c'est-à-dire double contraste, de ton et de couleur. Le contraste de couleur n'est que la *juxtaposition,* ou *circumposition,* d'une couleur à côté ou autour d'une autre.

La juxtaposition des couleurs les unes à côté des autres produit une impression qu'on ne saurait apprécier sans l'étude suivante, qui va démontrer que les couleurs ont plus ou moins d'éclat, plus ou moins d'obscurité, plus ou moins de ce qu'on appelle harmonie entre elles, selon leur voisinage ou leur entourage. Dans les dessins ou lavis d'une seule couleur, on n'observe que le contraste de *ton;* dans les gravures, de même, c'est au moyen d'une seule couleur dégradée, depuis le plus sombre jusqu'au degré le plus clair, qu'on modèle les objets. Si c'est avec du gris, le dessin se nomme *grisaille;* si le dessin, lavis ou peinture s'exécute avec une autre couleur, il prend le nom de camaïeu, et la manière dont l'artiste donne l'idée du relief aux objets se nomme l'observation du *clair-obscur* (unique et spéciale étude tout à fait indépendante de celle de la couleur, et où Rembrandt excellait particulièrement).

L'étude du clair-obscur se trouve liée à celle de la couleur dans l'exécution d'un tableau, puisque chaque surface ou chaque objet, dans sa couleur spéciale, n'y peut avoir l'apparence du relief que par le clair-obscur, ou le ton d'ombre, de lumière et de reflet de la couleur tantôt claire, tantôt foncée qui sert à la modeler sur la toile.

On va voir, d'après les expériences suivantes, ce qui constitue spécialement le contraste de ton.

Faites quatre petits carrés longs et égaux, de la forme à peu près des fiches, et remplissez-les chacun d'une teinte parfaitement plate d'encre de Chine; sur le premier une teinte gris clair, sur le second une teinte plus foncée, sur le troisième encore plus foncée, sur le quatrième encore plus.

(Il est essentiel de les couvrir d'une manière parfaitement unie.) Si, après les avoir découpées avec des ciseaux, vous les juxtaposez, vous serez surpris de voir que sur chaque bord où une teinte plate est contiguë à sa voisine, il apparaît une espèce d'ombre qui semble faire creuser les teintes. Cet effet cesse dès l'instant que vous isolez un des carrés longs du carré suivant en y interposant du blanc, de manière à ce que le carré ait une marge uniforme de blanc tout autour.

C'est le résultat du contraste de ton.

Le blanc est la couleur de la lumière ou des objets qui la reçoivent le plus abondamment.

Le noir est sa complémentaire et la couleur de l'obscurité, mot qui exprime l'absence de lumière ; c'est par les passages gradués, intermédiaires entre la lumière et l'ombre, que nous comprenons le relief ou le creux des objets. Le noir, juxtaposé au blanc, fait paraître le blanc plus vif, et réciproquement le noir, entouré de blanc, paraît plus profond et plus intense.

L'espace plus ou moins grand qu'occupe la couleur joue un rôle particulier dans nos perceptions. Un petit point noir, entouré de beaucoup de blanc, paraît plus petit qu'il n'est réellement. Découpez des ronds de papier noir de diverses grandeurs, et collez-les sur du papier blanc à la suite les uns des autres, contigus ou en les séparant les uns des autres ; tracez au-dessous, avec le compas, des cercles exactement semblables et égaux aux premiers, que vous remplirez d'un ton uniforme gris pour tous les cercles, vous observerez que les ronds gris vous paraîtront plus grands que les ronds noirs. Par la même raison, si vous collez sur un fond de papier noir des ronds blancs, par cela même que le blanc est plus sensible à notre œil par contraste que le noir, ils vous paraîtront plus gros que ceux que vous vous borneriez à tracer au simple trait sur un papier blanc. On voit par là pourquoi au théâtre les costumes blancs grossissent les acteurs et les noirs agissent à l'inverse, d'où l'on s'explique que les couleurs, de quelque nature qu'elles soient, quand elles sont très-claires ou éclatantes, produisent des effets opposés à ceux des couleurs sombres.

C'est par l'observation unique des contrastes qu'on trouve la clef de l'harmonie en peinture.

Le fond clair ou foncé, sur lequel une couleur ressort, établit donc toujours un contraste qu'il faut connaître et étudier sans cesse. On tirera de ces expériences successives les règles les plus sûres du goût qui est tout entier dans les proportions. On n'arrive au beau que par les proportions. Qu'est-ce que les proportions? Cette définition est empruntée aux mathématiques, c'est le rapport des grandeurs et des quantités entre elles. Il y a proportion dans les couleurs comme il en existe dans les chiffres et dans les lignes. Les couleurs, à droite ou à gauche les unes des autres, changent de valeur pour nos yeux, comme les numéros, selon l'ordre qu'ils occupent à leur rang dans les nombres.

Prenez une feuille de papier que vous peindrez d'un gris uniforme, découpez-y des ronds rouge, orange, jaune, vert, bleu, violet, que vous poserez dessus, et regardez au soleil chacun de ces ronds colorés. Vous observerez bientôt le phénomène suivant. Il se formera :

Autour du rond rouge, une auréole verdâtre sur le fond gris ;

Autour du rond orange, vous verrez l'auréole bleuir ;

Autour du rond jaune, devenir violette ;

Autour du rond vert, devenir rougeâtre ;

Autour du rond bleu, devenir orangée ;

Autour du rond violet, devenir jaune, ce qui fait voir que le rouge jette autour de lui ou à côté de lui du vert, et que le vert jette du rouge, que le jaune jette du violet, et le violet du jaune, que le bleu jette de l'orangé et que l'orangé jette du bleu ou, en d'autres termes scientifiquement admis, que le rouge et le vert sont complémentaires l'un de l'autre, ainsi que le jaune et le violet, l'orangé et le bleu.

On peut obtenir une démonstration non moins frappante que la précédente en regardant fixement sur un papier blanc un pain à cacheter de chaque couleur simple, et on ne tardera pas à être surpris surtout de voir au soleil se former la complémentaire de chaque couleur par l'apparition lumineuse de l'auréole de couleur *complémentaire*, et, si, après avoir fixé quelque temps un pain à cacheter rouge sur le blanc, on le déplace rapidement en conservant l'œil sur le lieu qu'il occupait, on est vivement étonné de voir la place du rond rouge se changer en une lueur verte arrondie en cercle et parfaitement visible, mais dont l'impression s'évanouit bientôt.

Cette épreuve peut être appliquée à toutes les autres couleurs. C'est ce qu'on nomme contraste successif. Ce phénomène se renouvelle continuellement et sans que nous en fassions la remarque dans nos yeux.

L'illustre et savant Chevreul est le premier qui ait découvert la loi des contrastes de couleurs qui fait l'objet d'un ouvrage spécial trop peu connu des artistes et où les expériences précédentes sont développées avec tout le talent que méritait la beauté du sujet.

Nous y renvoyons les artistes et les amateurs qui y puiseront des connaissances profondément utiles au développement de leurs talents et surtout du bon goût.

Il est impossible de pousser plus loin qu'il ne l'a fait la justesse des observations dans les jugements sur la couleur en général.

M. Chevreul a étudié la couleur appliquée à l'art, à l'industrie, à l'habillement de l'homme et de la femme, à la décoration des monuments, à la disposition des parterres de fleurs. M. Chevreul a développé ses belles théories en cours public, et néanmoins un grand nombre de personnes les ignorent. Qu'il nous soit au moins permis ici de lui rendre un hommage public ; puissent ces quelques notions donner l'envie d'approfondir l'étude du coloris en lisant son magnifique travail !

ANALYSE DE LA PALETTE

QUALITÉS ET OBSERVATIONS SUR LES COULEURS D'AQUARELLE ET LEUR

EMPLOI DANS CERTAINS MÉLANGES

L'*ocre jaune* est très-employée, bien qu'elle ait une propension à noircir, l'emploi en est très-utile dans les terrains et les fabriques ; employée très-pâle, c'est-à-dire très-étendue d'eau, elle est propre aux teintes lumineuses du ciel, ou à réchauffer les clairs des linges blancs qui en ont besoin.

Le *jaune indien*, aussi solide que l'ocre jaune, et d'une belle couleur moins citron que la gomme-gutte (Camboge), est utile pour les ciels très-chauds et colorés. On le mêle au vermillon ou minium pour produire l'orangé du soleil levant ou couchant. Mêlé au bleu de Prusse et à l'indigo, il donne des verts très-beaux et éclatants.

La *gomme-gutte* (Camboge), très-étendue d'eau, fournit un très-joli jaune clair qu'on emploie beaucoup dans les tons de chair éclairés par le soleil ; mêlé aux bleus de cobalt et de Prusse il donne des verts de la plus grande fraicheur. Si on y ajoute un peu de laque carminée, elle donne l'aimable teinte des saules. Sa transparence la met en première ligne pour être employée en glacis, propres à ranimer des demi-teintes et des lumières, quand on la délaie avec beaucoup d'eau. En glacis plus épais, elle remonte les ombres et les réchauffe en leur donnant vigueur et transparence.

Le *stil de grain* ou *pierre de fiel* dont on a de deux sortes, l'une brune, l'autre plus claire, est fort utile pour repiquer des ornements d'or ou en glacis par-dessus des touches de gouache qu'on veut réchauffer.

Mêlé à la laque calcinée (brown-tader) et en glacis par-dessus des ombres, il donne une très-grande chaleur et vigueur en même temps pour des premiers plans; mais cette couleur est peu solide.

Ocre de Rue (roman ochre), excellente, très-utile dans les ruines et terrains de premiers plans, mais elle est lourde et sans transparence.

Sienne brûlée (brut sienna), très-utile en glacis pour reflets chauds ou dorés ; employée épaisse est d'un emploi excellent dans les premiers plans, mais noircit en vieillissant.

Laque carminée (crimson lake), très-employée dans les chairs mélangée avec les jaunes, étendue en glacis donne beaucoup d'harmonie ; mêlée à la gomme-gutte, à la pierre de fiel et à la sépia, elle donne des bruns variés plus ou moins chauds, utilisables en repiqués de vigueur. Elle est, parmi les couleurs de l'aquarelle, une des moins résistantes aux influences de la lumière qui la décolore et finit à la longue par l'absorber entièrement.

Laque brûlée, sorte de rouge-brun très-transparent, solide et s'amalgamant très-bien avec les autres, produit un excellent ton d'ombre pour les rouges indiens, la laque carminée et la terre de Sienne brûlée. C'est une précieuse ressource pour les peintres de fleurs et de papillons.

Rouge indien. Couleur très-solide et précieuse dans une foule d'emplois, donne des gris très-fins par son mélange avec le cobalt et la gomme gutte. Elle donne un noir très-puissant, en la combinant avec de l'indigo et du stil de grain. Les tons de briques et de tuiles dans les fabriques se font avec le rouge indien.

Vermillon chinois. Conserve sa fraîcheur quand on l'emploie pure. Elle est utile dans les tons de chair mêlée au rouge indien et à la laque carminée; en glacis elle sert à réchauffer certaines parties des ciels et particulièrement les endroits où dominent les bleus; on la recommande pour les lointains qu'on veut réchauffer par glacis. Pure et épaisse, elle est plutôt une couleur de premier plan.

Bonington avait pour artifice de placer toujours un grand tas de vermillon sur sa palette et de lui comparer toutes les valeurs de ses teintes; il prétendait que cette couleur par son éclat le forçait à ne jamais être trop faible dans l'ensemble de sa coloration générale.

Une tache rouge d'une étoffe de figure placée dans un paysage quelconque, anime toujours singulièrement un site. Les coquelicots et bleuets dans un champ de blé jouent le même rôle de gaieté qui plaît à l'âme du promeneur.

Minium, plus orangé que la précédente couleur, fournit une bonne teinte de transition pour faire passer le bleu naturel d'un ciel aux teintes chaudes et dorées de l'horizon sans verdir sa nuance qui, vers le contour des montagnes ou des autres objets qui bornent la vue, doit toujours se dégrader et tendre au jaune clair ou lumineux. Mais elle noircit.

Cobalt ou bleu céleste, très-utile et indispensable dans les ciels, s'étend parfois difficilement si on l'emploie pur, et a l'inconvénient de laisser paraître des grains par groupe ou isolés dans les teintes; en le mêlant avec un peu de bleu de Prusse ou d'indigo, il devient d'un maniement facile, mais il perd en même temps un peu de son éclat.

Le *cobalt* est précieux dans les lointains, auxquels il donne du fuyant; mêlé à l'ocre de rue, il produit de belles demi-teintes verdâtres si recherchées et remarquables dans les chairs à la Rubens.

Bleu de Prusse. Couleur puissante, très-tingeante et meurtrière pour la plupart des couleurs auxquelles on l'associe, à l'exception des terres colorées, des ocres et des rouges; soyez donc très-discret dans son emploi.

Le bleu de Prusse, mêlé de sépia et de laque, fournit un mélange brun souvent très-utile pour donner de la fermeté d'ombre dans les premiers plans. Le même mélange, avec un peu de terre de Sienne brûlée, est encore plus chaud.

L'indigo ou bleu noir entre dans la composition de toutes les ombres fortes; n'en abusez pas, bien qu'il soit fort utile, surtout aux paysagistes, pour les verts sombres et obscurs.

Noir d'ivoire, de bougie, de pêche ou de vigne, utile particulièrement en paysage. Il donne, mélangé aux ocres, à la gomme-gutte et au jaune indien, des verts sombres très-utilisables. Le peintre de figures en trouve aussi l'application dans des draperies pour les cheveux et la fourrure de certains animaux.

Le *brun Vandyck* mérite l'estime des artistes comme brun très-solide et utile en de nombreuses occasions. On peut également, dans les teintes sombres, lui substituer la

Terre d'ombre brûlée. Couleur riche, chaude et puissante, d'un mélange très-docile avec toutes les autres.

La *sépia* est un des meilleurs bruns dont on puisse faire usage, il a de plus une grande transparence, peut s'employer en glacis aussi facilement qu'en touches fermes. Les trois sortes de sépia en varient encore les avantages.

Le *carmin* est peu solide, mais est indispensable à cause de sa beauté, d'un éclat très-intense, qui le fait rechercher des peintres de fleurs et des peintres de figures pour des draperies et ajustements de couleurs gaies. Elle doit être préparée à l'alcali pour être plus fixe.

Le *jaune de cadmium* (celui surtout préparé par M. Pinard) est admirable, il s'emploie comme les carmins avec lesquels il se mêle très-avantageusement pour les fleurs et les étoffes.

Blanc de gouache. Le blanc de zinc, quoique moins couvrant que le blanc dit d'argent, a l'avantage de ne jamais noircir, sert pour les rehauts de lumière, il doit être suffisamment gommé. (Voyez *Gouaches*, dans le cours de l'ouvrage ; lisez la table des matières.)

Les peintres de fleurs et de papillons, et les peintres de genre qui seront à la recherche de l'éclat et de la gaieté des couleurs, auront recours à quelques couleurs exceptionnelles recommandables, telles que le jaune safran, le carmin à l'alcali, l'outremer, le smalt, le pourpre, le violet d'or, l'écarlate, l'encre de Chine pour ombrer, la teinte neutre, neutral tint Anglaise, le vert olive, le vert de vessie, le vert émeraude.

Dans l'emploi de toutes les couleurs de la palette il ne faut jamais oublier qu'on devra toujours se préoccuper de trouver les moyens les plus simples d'obtenir une belle coloration, et que la qualité essentielle de toute bonne aquarelle sera toujours la pureté et la franchise dans l'exécution.

Évitez de mêler trois couleurs ensemble, à moins d'avoir à faire ce qu'on appelle des tons rompus ou gris-chauds ou froids.

En commençant à étudier, simplifiez votre palette. Les couleurs analogues trop variées embrouillent l'élève, qui devra se contenter des couleurs bases de toutes les autres.

Règle *de goût, comme coloration.* Ayez toujours soin d'introduire dans le mélange qui servira à composer vos ombres une couleur où dominera toujours la complémentaire de votre lumière. (Voir le chapitre des *Contrastes*, étude expérimentale du coloris, système Chevreul.)

DU COLORIS DES LITHOGRAPHIES A L'USAGE DES PERSONNES QUI NE SAVENT PAS DESSINER

OBJETS NÉCESSAIRES. — EXERCICES INDISPENSABLE

A la ville comme à la campagne, l'hiver comme l'été, il est un amusement qu'on peut prendre, un petit talent qu'on peut acquérir. Ce petit talent est celui à l'aide duquel on en arrive à colorier des lithographies, telles que fleurs, figures, animaux, paysages, marines, etc.

Les personnes qui désirent apprendre le coloris doivent d'abord se munir de tous les objets indiqués pour l'aquarelle; seulement, il suffit de prendre un assortiment de couleurs françaises, qui seront excellentes si vous les achetez chez Berville, Susse ou Giroux, Latouche, Saint-Martin et Chalmel, car toutes ces maisons, si bien connues des amateurs et des artistes, ne tiennent que les couleurs de première qualité.

Les premières leçons doivent se prendre sur du papier rayé ou corroyé largement; on y étend différentes teintes en faisant attention de ne pas dépasser et de ne pas tacher. Pour remplir une raie, par exemple, vous devez commencer à poser votre pinceau en haut de la feuille en l'appuyant sur la gauche; puis, lorsque vous avez bordé un petit bout de ce côté, avec un pinceau assez plein pour que la couleur reste quelques instants mouillée, vous remplissez prestement l'espace vide entre vos deux raies; en arrivant à votre droite, vous tenez le pinceau perpendiculairement, car, s'il était couché, son ventre, rempli de couleur, vous ferait dépasser malgré vous la ligne qui doit vous servir de limite; ensuite vous revenez vers la gauche et vous reprenez dans la teinte humide encore, car si vous lui aviez donné le temps de sécher, ou qu'elle n'eût pas été étendue avec un pinceau assez plein, la couleur fraîche que vous posez, ne pouvant se mêler à celle qui serait séchée, produirait d'ignobles taches que rien ne pourrait faire disparaître.

Lorsque vous en serez arrivé à conduire, dans vos raies et dans vos carreaux, les teintes qui doivent les remplir, même les plus sombres et les plus épaisses, sans faire de taches ni sans altérer les contours, vous pourrez prendre des costumes; plusieurs feuilles en noir et une semblable en couleur qui vous servira de modèle, et vous vous exercerez à en reproduire fidèlement l'aspect.

PRÉPARATION DU PAPIER

Les lithographies étant ordinairement tirées sur papier non collé, il est indispensable de lui faire subir la préparation appelée encollage, sans laquelle la couleur passerait au travers.

Voici la manière de faire cet encollage : ayez 62 gr. de colle de Flandre, pour 5 centimes de savon blanc sans odeur, et pour autant encore d'alun en poudre; faites fondre votre colle d'abord, mettez ensuite votre savon râpé dans une quantité d'eau équivalant à une bouteille, et mettez le tout sur le feu dans un vase de terre neuf, en ayant soin de remuer jusqu'à ce que le savon et la colle soient complétement fondus ; alors vous y ajouterez l'alun en poudre, qui, en se dissolvant, donnera à votre encollage la blancheur et l'opacité du lait ; puis vous passerez le liquide et vous y ajouterez l'eau nécessaire pour faire quatre bouteilles ; vous les boucherez et les mettrez au frais afin de vous en servir au besoin.

A l'aide d'un gros pinceau appelé blaireau, vous passerez doucement l'encollage sur vos feuilles que vous aurez posées à plat sur une table revêtue de papier gris très-propre.

Lorsque vous verrez que votre lithographie est bien traversée partout et surtout aux endroits où se trouve le crayon, vous la laisserez se ressuyer quelques instants à plat sur le papier gris, puis vous la ferez sécher à cheval sur une corde de crin, et vous traiterez successivement toutes les autres de la même façon.

Vos feuilles une fois séchées, il pourrait arriver que le papier se montrât rétif par trop d'encollage et refusât de prendre la couleur ; vous prendriez alors un peu de fiel de bœuf et vous en mettriez seulement un soupçon dans chacune des teintes dont vous auriez à vous servir ; un peu d'eau-de-vie remplace le fiel avec avantage lorsqu'on n'a pas affaire à du papier trop vigoureusement collé. Pour tout le reste, les renseignements donnés pour l'aquarelle doivent suffire ; surtout ne rompez pas autant vos couleurs, employez-les plus crues, plus vives, le crayon lithographique mettant dans vos tons un élément qui les assourdit suffisamment.

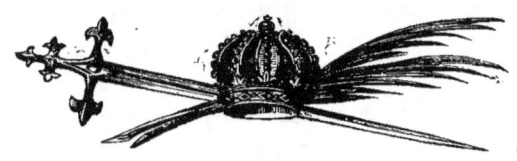

DES DIFFICULTÉS DANS L'EMPLOI DES COULEURS

1° L'emploi du carmin et du bleu, pour obtenir le violet, a l'inconvénient de faire tourner très-souvent; pour y remédier, on doit y jeter une demi-pincée de poudre de sucre candi blanc.

On emploie le même procédé pour les teintes bleues.

2° Pour dissoudre le carmin, on le met dans l'eau, on y ajoute de la gomme arabique fondue, puis on y ajoute en dernier une goutte ou deux d'alcali, suivant la quantité de carmin.

3° Pour employer l'or et l'argent, et pour obtenir du brillant, on met de la poudre d'or ou d'argent dans une coquille; on y verse quelques gouttes d'eau et de la gomme fondue, et en dernier, quatre ou cinq gouttes de vinaigre.

4° Quand le papier est trop collé et qu'il refuse les couleurs, mettez dans votre couleur la vingtième partie d'une goutte de fiel, ou trempez l'extrémité de votre pinceau dans une goutte de fiel.

DE L'ESQUISSE, DE L'ÉBAUCHE DES SUJETS DE GENRE, D'INTÉRIEUR, DE MARINE ET DE PAYSAGE

L'esquisse se fait avec un crayon mine de plomb n° 3; on peut en masser légèrement les ombres s'il s'agit d'un paysage, d'une marine ou d'un intérieur; mais on ne doit pas procéder de même s'il s'agit d'une figure, car, en travaillant par-dessus le crayon, on en entraînerait assez dans les teintes pour les salir ou du moins pour en altérer la pureté.

On doit mettre aussi beaucoup de soin pour faire disparaître les faux traits que le crayon peut avoir laissés ; on se sert pour cela de gomme élastique, de peau de gants ou de mie de pain ; ce dernier moyen est celui que nous préférons. Pour l'employer, on fait une petite boulette allongée avec une parcelle de mie rassise, très-propre, puis on enlève les faux traits en ayant soin de frotter légèrement pour ne pas altérer l'épiderme du papier.

Qu'il s'agisse d'une marine ou d'un paysage, c'est toujours par le ciel qu'on doit commencer. Les lointains doivent être attaqués en même temps que le ciel ; de là on passe aux premiers plans, puis aux plans intermédiaires. Comme dans l'ébauche tout le travail doit marcher à la fois, et que les teintes se fondent et se perdent les unes dans les autres, il faut éviter avec soin tout mélange entre celles qui doivent se nuire. Ainsi, lorsque dans le ciel on a mis les tons bleus qui figurent la voûte et qu'on en arrive à masser les nuages lumineux qui viennent se découper dessus, il faut laisser sécher la première teinte avant de poser la seconde, afin d'éviter qu'en se rapprochant et en se fondant l'une dans l'autre, cette réunion ne forme une teinte verdâtre, suite naturelle du jaune et du bleu mélangés.

Les teintes employées pour l'ébauche doivent toujours être peu vigoureuses, puisque ce n'est qu'en revenant sur les tons primitifs qu'on peut obtenir de la transparence. Nous avons dit que les lumières se réservaient, ajoutons néanmoins que bon nombre d'artistes les couvrent entièrement en ébauchant, se réservant de les rattraper ensuite lorsque la teinte est encore humide. On emploie pour cela l'éponge ou bien un pinceau presque sec, ou bien encore un petit chiffon très-fin, derrière lequel on pose l'index et dont on se sert pour enlever la teinte primitive aux endroits qui doivent être lumineux.

Une des qualités de l'ébauche, c'est d'être faite largement, exécutée au premier coup, et que les différentes valeurs de chaque plan et de chaque chose s'y trouvent bien observées.

L'ébauche une fois séchée, on doit revenir de nouveau sur les parties vigoureuses, en ayant soin de soutenir le ton, qui perd toujours en séchant ; c'est surtout dans un paysage qu'il faut avoir soin de faire le décompte de cette déchéance de ton avant que de commencer les masses d'arbres ou les toits des fabriques, qui doivent s'enlever en vigueur sur les fonds lumineux ou vaporeux, ou sur le ciel dont cette opposition ferait pâlir les tons brillants et lumineux si on ne les forçait un peu de façon à ce qu'ils pussent, en tombant, rester ce qu'ils doivent être réellement.

Il y a là encore une difficulté, mais c'est une de celles que l'habitude doit faire promptement disparaître.

Les arbres de premier plan doivent être plus ou moins arrêtés dans leurs contours, selon que les indiquent l'état de l'atmosphère, l'heure de la journée, les dispositions locales. Les détails de leurs masses verdoyantes demandent à être faits franchement, hardiment, dans le sentiment de dessin qui leur est propre, soit qu'on ait à rendre la feuille du chêne ou de l'orme, ou de tout autre arbre, puisque chacune présente aux yeux un caractère particulier dont il faut avoir fait une étude spéciale.

Quant aux groupes d'animaux ou de figures dont s'enrichissent les marines et les paysages, après qu'ils ont été dessinés avec soin, il faut les réserver pour les faire en dernier. Quelques artistes aquarellistes passent par-dessus sans les ménager, se réservant de les reprendre avec des tons gouachés, c'est-à-dire mélangés de blanc, avec lesquels on ravive les lumières ; mais de pareils moyens détruisent, selon nous, la pureté, la transparence de l'aquarelle, qui dégénère alors en un genre bâtard, car les artistes qui trouvent indifférent d'employer la gouache finissent presque toujours par en mettre un peu partout, ce qui dénature complétement l'aquarelle et lui ôte sa franchise et sa légèreté en lui substituant un aspect froid, lourd et plâtreux.

Les eaux, le ciel et les lointains doivent être ébauchés largement, il faut en bien indiquer les ombres principales. Les eaux, lorsqu'elles reflètent le ciel, ou les objets dont elles sont environnées, doivent se travailler avec les tons qui ont servi à l'ébauche de ces mêmes objets, en observant de les rendre plus légers.

Pour obtenir l'aspect des vagues ou celui qu'offre le bouillonnement des eaux, on se sert du chiffon, de l'éponge, du grattoir et de quelques autres moyens encore appelés *ficelles* par les *rapins*. Les meilleurs et ceux qu'il faut employer sont ceux qui réussissent le mieux lorsqu'on en fait l'essai : chacun a sa manière d'opérer, et toutes les manières sont bonnes si l'on réussit.

Les aquarellistes anglais tirent un très-grand parti de ces divers moyens, qui sont surtout utiles quand on peint d'après nature, parce qu'alors la rapidité de l'exécution devient une nécessité, et qu'en ne s'astreignant pas à réserver les lumières, on ne se trouve pas arrêté comme on le serait si l'on devait ménager certaines parties au lieu de passer par-dessus.

Ils en arrivent donc ainsi à beaucoup de franchise dans la teinte, à beaucoup de large dans l'exécution; mais, nous le répétons, si l'on procédait de même pour des sujets de figures d'une certaine dimension, pour des portraits, on ne ferait rien de bien, car le grattoir, le chiffon ni l'éponge ne suffisant plus pour attrapper de plus larges lumières, on serait obligé de reprendre certaines parties avec du blanc, et l'on tomberait alors dans le genre mi-partie gouache et aquarelle que nous avons signalé et qui ne saurait satisfaire aux exigences d'un aquarelliste *pur sang*.

Dans le paysage et dans la marine, on procède à peu près de même pour certaines parties.

Ainsi les ciels se font avec le cobalt ou l'outremer et parfois le bleu de Prusse, légèrement mélangé de laque. C'est la nature ou le modèle qu'on copie qui doit dire de laquelle de ces couleurs il faut se servir de préférence.

Supposons donc que vous avez devant les yeux soit un paysage d'Hubert, soit une marine d'Isabey (car avant de pouvoir copier la nature, il faut se familiariser avec la palette en copiant des aquarelles ou des tableaux), le motif que vous voulez reproduire vous indiquera les mélanges qui vous sont nécessaires.

Pour les tons gris et les tons bleuâtres du ciel, il faut employer le cobalt, l'outremer, le payn's-gray, la laque; les lointains doivent se faire avec les mêmes couleurs. Les effets du soleil couchant s'obtiennent avec des mélanges de jaune indien, de minium, de vermillon.

Les eaux sont ou verdâtres ou bleuâtres.

Pour ces dernières, il faut employer le payn's-gray, l'indigo, le cobalt, l'outremer et parfois un peu de sépia.

Pour les autres, on doit se servir de payn's-gray, d'indigo et d'une pointe de sépia, qu'on réchauffe ensuite avec le jaune indien, l'ocre, la terre de Sienne brûlée.

Les feuillages des arbres, s'ils sont frappés du soleil, ou s'ils s'enlèvent sur un ciel chaud, doivent participer du ton du ciel, c'est-à-dire être faits avec des tons chaudement colorés ; leurs masses éclairées demandent à être préparées avec du jaune indien, de la terre de Sienne brûlée, parfois un peu de laque; ensuite vous reprenez dans cette première teinte, avec un ton vert que vous composerez en ajoutant à celui qui vous a servi pour vos masses lumineuses du jaune indien avec une pointe d'indigo : l'ocre peut s'y joindre avec succès si la teinte à copier semble en demander. Dans les verts plus crus, plus âpres, on peut mettre une pointe de bleu de Prusse; dans les arbres et la végétation des seconds plans, tous les tons doivent être plus légers ; le cobalt sera pour les masses placées dans la demi-teinte ou qui s'enlèvent sur le bleu du ciel ; les lumières se glacent avec un peu de laque. Les verts bruns et noirâtres des premiers plans demandent de la terre de Sienne brûlée, de la sépia, de l'indigo.

Si la végétation que vous avez à copier est revêtue de tons brûlés, comme cela arrive dans l'automne, la préparation des masses lumineuses se fait avec de la terre de Sienne brûlée pure ou mélangée de laque, ou bien encore avec du jaune indien et de la laque. Pour faire la partie ombrée de ces masses, on ajoute au ton dont on vient de se servir un peu plus de Sienne brûlée avec de la sépia, en y joignant une pointe d'indigo.

Le tronc des arbres bleuâtres ou violâtres se prépare avec de légères teintes de payn's-gray, d'indigo, de laque, qu'on glace par places et suivant que le modèle l'indique, avec un peu de sépia, de Sienne brûlée et un léger mélange de laque et d'indigo.

Ceux qui affectent un ton brun doivent être préparés avec l'ocre, la terre de Sienne brûlée, une pointe de laque et de la sépia; pour les retouches, il faut les mêmes tons, plus vigoureux, mais y mettre un peu plus de sépia et du payn's-gray qu'on réchauffe, lorsqu'il en est besoin, avec un peu de terre de Sienne brûlée et de laque.

Les terrains, les fabriques et les rochers demandent à être préparés ainsi; pour les tons lumineux, l'ocre, la Sienne brûlée et un peu de minium et même de laque ou de brown-madder; pour les tons d'ombre et de demi-teinte grisâtre ou bleuâtre, le cobalt plus ou moins soutenu par le payn's-gray et parfois une pointe de laque ou de brown-madder, qui rompt la crudité du cobalt, lequel entre dans presque tous les gris fins et légers. Par-dessus ces préparations, on revient avec des tons composés de payn's-gray et de terre de Sienne brûlée ou de sépia, et de laque ou de Sienne brûlée mélangée d'ocre, de laque ou de payn's-gray.

Puis enfin, avec le même ton qu'on rend plus vigoureux par une adjonction de sépia, laque et payn's-gray, on indique les ombres portées, les creux de terrains, les interstices des pierres, les anfractuosités des rochers et de toutes les retouches vigoureuses qui se trouvent dans l'écorce des arbres, dans les barques, les bâtiments, les pièces de charpentes, etc.

Les enseignements qui précèdent peuvent également s'appliquer aux *intérieurs*.

Ainsi, la partie claire ou lumineuse s'obtient avec des tons jaunâtres plus ou moins mélangés de terre de Sienne brûlée, d'ocre jaune, de brown-madder, et parfois légèrement violacés, semblables à ceux dont vous devez vous servir dans les paysages et dans les marines pour rendre les terrains exposés au soleil. Quant à la partie qui se trouve dans l'ombre, elle doit être préparée avec des tons grisâtres, sur lesquels vous reviendrez avec de l'ocre mélangée de sépia, du payn's-gray réchauffé par une pointe de Sienne brûlée, de laque ou de brown-madder : observer surtout que dans un intérieur ce sont les tons gris et amortis qui règnent dans la partie ombrée.

Les groupes de figures ou d'animaux qui se trouvent dans un intérieur, une marine ou un paysage, doivent, avons-nous dit, être dessinés soigneusement et réservés ; le dessin à peu près fini, on s'occupe de le terminer.

Dans les chevaux, on emploie la sépia plus ou moins chaudement colorée avec la terre de Sienne et la laque : le payn's-gray se mélange à la sépia s'il s'agit d'un cheval dont la robe est noire ou brune : si la robe du cheval est café au lait, l'ocre jaune, la laque, la terre de Sienne brûlée vous fournissent les tons nécessaires que vous assombrissez en y ajoutant une pointe de sépia.

L'âne se prépare en gris (payn's-gray) qu'on réchauffe, s'il en est besoin, avec un peu de Sienne brûlée ; les retouches se font avec la sépia.

Les vaches se font avec les mêmes tons qui s'emploient pour les chevaux ; les retouches et le mouchetage de leur poil, soit roux ou blanchâtre, se font avec la couleur rousse, ou brune, ou noire, obtenue par l'ocre et la laque, ou la terre de Sienne brûlée, ou bien avec de la sépia plus ou moins réchauffée ; ces retouches doivent se faire avec un ton assez vigoureux, épais et mis presque à sec.

Il en est de même de certains détails dans les terrains et de certaines arrachures qui se montrent dans les vieux plâtres et dans les murs ; d'une part, le pinceau presque sec peut faire la retouche, de l'autre le chiffon à l'aide duquel on enlève, et l'on peut obtenir des effets surprenants. Decamps, dans ses tableaux, nous a laissé les plus beaux modèles de ces sortes d'effets, qu'il obtenait avec le manche de sa brosse. (Ce procédé est connu sous la dénomination de *draguine*.)

Les chèvres, les moutons, se couvrent d'un ton jaunâtre composé d'ocre que vous salissez avec un peu de sépia s'il est trop brillant; quelques tons plus roux; le museau légèrement rosé, la sépia pour les ombres vigoureuses, un peu de gris dans les parties ombrées, et enfin les lumières enlevées, soit avec l'éponge, soit avec le grattoir pour les plus brillantes, et vous pourrez rendre d'une manière satisfaisante l'animal bêlant et broutant qui donne la vie au paysage.

DU PORTRAIT A L'AQUARELLE

Il y a deux manières de traiter les portraits à l'aquarelle : 1° celle du pointillé et ensuite une autre manière qui consiste dans un travail obtenu par des lavis légers et souvent répétés.

Papiers. — On emploie ordinairement les papiers anglais, qu'il est nécessaire de tendre, excepté le bristol, qui possède un grain excessivement fin et serré.

Esquisses. — Pour esquisser, on se sert du crayon mine de plomb numéro 2. Le trait au pinceau se fait avec la teinte neutre et la laque mélangée; il faut ensuite masser légèrement les ombres avec le crayon. Dans les carnations, il faut resserrer les lumières; on obtient les autres parties en mouillant avec le pinceau. On peut également, quand les ajustements ou les accessoires sont des teintes un peu vigoureuses, se servir de la gouache pour reproduire les parties lumineuses; il faut éviter de faire lourd.

Eau gommée. — On fait fondre dans de l'eau tiède trois parties de gomme arabique et une partie de sucre candi blanc; on y ajoute un demi-verre d'esprit de vin. Après entière dissolution, on passe le tout dans un linge fin. Pour éviter l'évaporation, il faut tenir fermé.

L'aquarelle étant arrivée au degré de force de la peinture à l'huile, on comprend que le papier n'a pas assez de corps pour soutenir les tons vigoureux ; il a donc fallu composer exprès une espèce de parchemin, nommé vélin, possédant les qualités bien grandes de conserver aux couleurs toute leur fraîcheur et leur éclat sans ombres.

Pour que le vélin ne se macule point en peignant, il faut le tendre sur un carton recouvert d'une feuille de papier blanc.

GOUACHES

Pour se servir des gouaches, on en prend avec le couteau à palette et on referme aussitôt la bouteille. Lorsqu'on veut obtenir d'autres nuances, on mélange le blanc avec les couleurs en tablette ou en pain.

Après avoir mélangé la terre de Sienne brûlée avec la sépia, pour lui donner plus de vigueur, on forme dans plusieurs godets des teintes de différents degrés ; on commence par mouiller le papier avec le gros pinceau ; puis, l'on s'occupe des lointains, du ciel et ensuite des plans intermédiaires. Dans les plantes, les arbres, etc., les détails doivent se faire du premier coup. On doit travailler hardiment et éviter les petites retouches qui rendent le travail peu gracieux ; il faut bien varier la forme des arbres et étudier celles qui sont particulières à chaque espèce. Les lumières s'obtiennent en réservant le papier. Nous recommandons le lavis à la sépia, parce qu'il donne de la main aux étudiants et qu'il prépare au travail de l'aquarelle.

LE PORTRAIT D'APRÈS NATURE

Quatre choses sont essentielles pour la ressemblance : 1° la physionomie, ou pour mieux dire le caractère ; 2° le coloris ; 3° l'attitude ; 4° les ajustements.

Un portrait peut être en buste (sans mains), à mi-corps (avec les mains), ou en pied.

Les personnes qui voudront s'adonner au portrait feront bien, avant de s'y livrer, de s'exercer à faire quelques bonnes copies d'après des portraits de Rubens, Van Dyck, Philippe de Champaigne, Titien, etc.; ou tout au moins des croquis dessinés avec conscience. Il est aussi utile, d'avoir une collection d'estampes, de portraits en tous genres, dont la vue peut toujours donner de bonnes idées.

On verra, en étudiant les bons ouvrages des maîtres en ce genre, qu'ils ont toujours traité leurs sujets d'une manière noble. On sera toujours sûr d'embellir son modèle, ou du moins de ne jamais l'enlaidir, en omettant tous les petits détails individuels et défauts de la physionomie et en n'exagérant pas les teintes du coloris. Mais il faut surtout ne pas perdre de vue la vérité dans la ressemblance, ni la vérité maintenue dans un ordre général; on doit se garer de l'abus de certaines règles conventionnelles et ne pas se laisser entraîner à certains prétendus embellissements qui ne sont que de véritable mensonges.

Le talent du peintre consiste à tirer le meilleur parti possible de son modèle, où, avec un peu d'attention, l'observation fera découvrir le côté plus favorable à mettre en évidence.

La mode et le costume sont souvent des chaînes pénibles au peintre; le goût lui indiquera de choisir ses accoutrements avec discernement; certaines draperies pour des femmes, surtout des châles, des écharpes, des manteaux posés d'une certaine façon, constituent un costume plus permanent que la mode du jour sans trop la violenter; les ajustements excentriques nuisent à la ressemblance tout autant que les attitudes forcées.

L'artiste doit avoir le courage de suivre son inspiration et de ne pas se laisser dominer par les idées de la personne qui veut se faire peindre, si ces idées sont contraires aux règles de l'art et du bon sens, qui sont toujours celles du bon goût. C'est au peintre à étudier lui-même l'attitude de son modèle.

L'éloignement du modèle doit être proportionné à la vue de l'artiste, c'est, à la rigueur, trois fois la hauteur du modèle assis. Les yeux seront à la hauteur de ceux du peintre; pour donner de la grâce, de l'intérêt, de la vie au portrait, il est bon d'indiquer, par sa pose, un mouvement, un commencement ou une fin d'action intelligible. Il faut qu'elle soit en harmonie avec le caractère moral de la personne, elle fait partie de l'expression individuelle permanente. Cette expression est produite par les habitudes, les tendances et même les passions dont elles sont comme la manifestation extérieure.

C'est sur le visage, autant que sur les gestes du corps, que l'artiste doit chercher le mot de l'énigme, que nous appellerons la physionomie ou la ressemblance expressive. Il n'y a sorte de mouvement et de passion que le visage n'exprime. Il est fier, il est humble, il est gai, il est triste, bienveillant ou égoïste, etc., il dit plus, bien souvent, que les plus longs discours. Mais, entre le beau et le laid absolu, il y a une chaîne infiniment variée.

Entre un être dont l'aspect provoque le rire et la structure d'une créature qui nous saisit d'admiration, il y a une foule d'individus intermédiaires. Hogarth remarque, dans ses considérations sur la beauté, que, parmi les créatures de l'univers, les moins remarquables par leurs formes sont les poissons, dont les mouvements sont les plus bornés ; celles, au contraire, qui se distinguent par la beauté de leurs formes, sont celles qui ont les mouvements les plus légers et les plus agiles, tels sont certains oiseaux; il en est de même parmi les quadrupèdes, les animaux les plus rapides et agiles à la course sont les plus élégants dans leurs contours, et comme, parmi les êtres créés, aucun animal ne peut être comparé à l'homme par la variété des mouvements, on en conclut que les individus les mieux proportionnés sont ceux qui ont le plus de facilité à se livrer à tous les exercices que la conformation générale de l'homme leur permet d'entreprendre.

L'observation des proportions exactes de la personne dont on fait le portrait est une des conditions de ressemblance.

Le portraitiste habile doit étudier l'art de donner le moins d'apparence possible à certaines parties pour en faire valoir d'autres. Il saura placer son modèle de telle façon que, si un de ses traits prédomine démesurément, tel que le nez, par exemple, et semble d'une longueur ou d'une forme ridicule, ce défaut s'efface ou devient moins apparent par une situation en trois quarts ou de face. Il en simplifiera suffisamment le contour, sans cependant enlever à la forme son caractère ; la couleur et le modelé lui fourniront aussi des moyens de dissimuler les imperfections du poseur ; des demi-teintes ou des ombres jetées à propos sur des portions défectueuses, comme pour les enterrer et les dérober plus ou moins aux remarques du spectateur, constituent ce qu'on nomme le sacrifice par l'effet d'ombre et de couleur.

On fait rarement les portraits en profil ; toutefois, quand la beauté linéaire des traits de la personne est remarquable, pourquoi s'en priverait-on ?

La position de profil peut éluder la difficulté du cas des yeux louches ou de quelque tache ou défaut de certains visages.

Une figure tout à fait de face n'a jamais rien d'agréable. On préfère généralement dessiner une tête en trois quarts.

Il faut avant tout bien tourner tout autour de son sujet afin d'en étudier l'ensemble et les détails, les beautés et les défauts ; on dissimulera un trop long menton en choisissant une pose de tête où l'inclinaison ferait dominer le front penché en avant et fuir cette partie exagérée des traits. Le portraitiste novice qui veut progresser graduera ses études en commençant par des bustes de profil ou médaillons ronds ou ovales.

La manière dont on place son sujet dans le champ carré, rond ou ovale à remplir, est d'une haute importance pour le bon effet du travail. Avec ou sans fond plus ou moins riche d'accessoires, il faut, avant tout, que l'œil soit satisfait en tous points sous le rapport des formes autant que sous celui de la couleur. Il est aussi difficile de faire un bon portrait historié que de composer un bon tableau.

Les ombres douces d'un jour diffus sont toujours les plus agréables. Les traits féminins acquièrent de la grâce dans ces conditions.

On évitera la lumière du soleil qui rend les ombres coupantes et surtout celle qui, tombant d'en haut, donnerait aux yeux une ombre qui en absorberait les détails. Un jour diffus et de face est ce qu'il y a de plus favorable à la généralité des individus.

Les photographies donnent d'excellentes leçons de clair-obscur et de rendu aux peintres quand elles sont bien posées et bien éclairées. L'amateur qui voudra essayer d'en copier au lavis (sépia ou encre de Chine), y trouvera l'occasion d'exercer utilement son pinceau et son intelligence.

Dans un portrait d'ensemble, c'est-à-dire en pied, ayez toujours égard aux abords du champ du tableau carré, ovale ou rond ; il doit y avoir plus d'espace au-dessus de la tête que de terrain au-dessous des pieds ; selon l'attitude qui donnera plus ou moins de volume au corps, on ménagera le volume et l'espace du fond qu'on laissera derrière et autour de la personne ; il est urgent que l'atmosphère qui enveloppe le sujet lui soit suffisante pour respirer et agir ; une tête placé toute sur le côté, ou trop près du haut, du bas ou des côtés qui limitent l'ouvrage est du plus fâcheux effet, ainsi qu'un buste coupé désagréablement au niveau des aisselles ; le corps tourné de face exactement ainsi que la tête de face, les bras pendants de chaque côté du corps sont des conditions intolérables. Le vrai simple peut être fort beau, on doit le rechercher ; mais, avant tout, fuyons le vrai quand il est ridicule. Idéalisons-le même s'il se peut, sans tomber dans la manière. N'oublions jamais que, dans un portrait, la ressemblance de la tête doit être agréable, le visage est le sujet principal, les mains par leur attitude et l'heureux choix de la pose, en augmenteront l'intérêt ; mais si les accessoires du fond étaient trop voyants ou détaillés, ils absorberaient l'attention au détriment du visage. Le talent du peintre doit concentrer au lieu d'éparpiller la lumière. L'heureuse disposition et le choix de la couleur lui fournissent également de précieuses ressources pour atteindre ce but. La beauté du coloris n'est pas tant dans l'éclat et la diversité des couleurs que dans leur harmonie et souvent même dans leur petit nombre. Tout est proportion dans la nature ; les contrastes violents sont souvent choquants. Rien ne doit ressembler à un récit aimable, clair et élégant comme un portrait ; il doit raconter aux yeux tout ce qui peut charmer dans le caractère, l'expression, le teint, l'allure, le costume, le geste de la personne.

LES FONDS

Les fonds ne jouent pas un rôle moins important dans les portraits que les ajustements et les draperies. C'est à l'instinct et à l'intelligence de l'artiste à déterminer la teinte qui conviendra le mieux pour faire valoir les carnations.

Les fonds gris ou de couleurs rompues, c'est-à-dire qui tendent au gris (on sait que trois couleurs simples mêlées ensemble forment toujours une sorte de gris), sont préférables à des couleurs brillantes. On peut toujours imaginer des gris clairs ou foncés tendant vers une couleur simple quelconque. Des gris froids tendant au bleu et au noir, des gris chauds tendent au rouge ou au jaune ; on comprend que si le teint d'une personne est trop haut en couleur, un fond sombre dissimulera cet excès, de même qu'un fond clair déguisera une pâleur extrême. Les fonds de couleurs entières ne se rencontrent jamais dans les bons ouvrages.

La couleur de la chevelure est un guide certain pour choisir la valeur de ton et la couleur d'un fond de portrait, ainsi que les accessoires et ajustements drapés destinés à environner les chairs.

Il y a, dans les personnes de l'un et de l'autre sexe, deux types d'individus à peau plus ou moins blanche et rosée dans certaines parties, l'un à cheveux blonds et à yeux bleus, l'autre à cheveux noirs et à yeux noirs. La juxtaposition des objets de toilette doit contraster heureusement avec la chevelure ou avec les carnations.

Chez les blonds, la couleur des cheveux, quand elle n'est pas d'une extrême pâleur qui tire sur le jaune de Naples mêlé d'ocre, étant un mélange de jaune et de brun que Chevreul considère comme de l'orangé rabattu, la couleur de la peau, quoique d'un ton plus bas, y est analogue, sauf dans ses parties vermeilles, et les yeux généralement bleus ou gris-bleu sont véritablement les seules parties du visage qui forment avec l'ensemble un contraste de couleurs. Les parties vermeilles ne produisant avec le reste de la peau qu'une harmonie d'analogue, de nuance, et non un contraste de couleur, et les parties voisines des cheveux ne formant qu'une harmonie d'analogue de gamme ou de nuance, il suit de l'aspect général du type blond, qu'il ne fournit que des harmonies d'analogue et non des harmonies de contraste.

Le type des personnes brunes, au contraire, fournit des harmonies de contraste prédominant sur les harmonies d'analogue.

Le bleu de ciel dans les draperies, connu pour aller très-bien aux blondes, est précisément la couleur qui s'approche le plus d'être complémentaire de l'orangé (rabattu), fond de la teinte de leur chevelure et de leurs carnations. Le bleu est un ton froid, qui contraste heureusement avec la couleur chaude de la peau. On choisira donc un fond rompu plus foncé que les cheveux, si les cheveux sont très-clairs, et d'un gris chaud qui participe de l'orangé, un gris roussâtre.

Deux couleurs regardées depuis longtemps comme se mariant bien aux chevelures noires et aux carnations brunes, le jaune et le rouge plus ou moins orangé, contrastent pareillement beaucoup avec la leur.

Le jaune et le rouge orangé contrastent par la couleur et le brillant avec le noir, et leurs complémentaires, le violet et le vert bleuâtre, en se mêlant à la teinte des cheveux, en rehaussent la beauté.

Les considérations expérimentales sur les couleurs démontrent qu'une draperie rose ne peut que nuire à une carnation rosée, la blanche lui est plus favorable. On peut interposer du blanc entre le rose et la peau avec avantage. Le vert tendre est favorable aux carnations blanches qui manquent de rose, et peuvent en recevoir du vert, par contraste.

Le vert foncé convient aux carnations plus rouges que roses.

Le jaune violace une peau blanche; il blanchit, au contraire, une peau trop jaune; il est fade pour une blonde. Il peut faire paraître plus rosée une peau d'une teinte orangée, il produit ce bon effet sur les carnations brunes du type à cheveux noirs, et sied bien aux brunes en ce cas.

Le violet, en contact avec les peaux blanches, les fait paraître verdâtres par le ton jaune qu'il leur jette, le jaune étant complément du violet.

Il rend encore plus jaunes les peaux jaunes et orangées et pour peu qu'il y ait quelque peu de bleuâtre dans la carnation, il la verdit tristement, à moins qu'il ne soit très-foncé, comme du velours sombre ; il y a, en ce cas, contraste favorable de tons.

Nous avons parlé plus haut du bleu comme draperies. Le bleu n'ira guère aux brunes.

L'orangé est trop éclatant pour être recherché. Il bleuit les blanches, blanchit les carnations orangées et verdit les peaux jaunes.

Le blanc de la percale convient aux peaux blanches et rosées ; mais il exalte les teints foncés.

Les étoffes claires et transparentes, comme les mousselines ou les gazes, les dentelles, les ruches, agissent comme des gris, très-agréablement; on en tire de charmants effets.

Les ajustements noirs, abaissant le ton des couleurs juxtaposées, blanchissent la peau ; mais si les parties vermeilles ou rosées sont éloignées à un certain point par l'interposition de linge et d'étoffes transparentes, comme certaines collerettes qu'on admire dans des portraits de Van Dyck, de Rubens ou de Velasquez, ils sont du plus heureux effet.

L'observation démontre que les coiffures ou chapeaux noirs, à plumes blanches, ou roses, ou rouges, conviennent aux blondes. Une coiffure blanc mat ne convient qu'aux figures blanches et rosées, sauf celles en gaze, crêpe ou tulle, qui conviennent à toutes les carnations.

Les coiffures bleu clair vont aux blondes, accompagnées même de fleurs blanches, ou même jaunes, mais non de roses ni de violettes.

Les coiffures ou chapeaux verts vont aux blanches convenablement rosées, l'interposition de gazes blanches y serait plus agréable, ou d'une guirlande de fleurs blanches avec feuilles vertes.

La coiffure rouge ne serait admissible que très-intense de coloris, pour diminuer une teinte trop ardente.

Les coiffures jaunes, orangées ou violettes, ne seront jamais d'un bon effet. Les noires et les blanches ont les mêmes avantages et les mêmes inconvénients signalées plus haut, à propos des draperies en contact avec la peau.

D'après les précédentes observations, on peut conclure que le portraitiste doit chercher, dans les modèles de ses portraits, la couleur qui y prédomine, afin d'employer tous les accessoires dont il dispose à faire valoir ses chairs par les contrastes de couleurs ou de tons. L'étude des harmonies de couleurs lui enseigne à équilibrer son coloris, ce qui prouve une fois de plus que tout est proportions dans la nature, dans le coloris, comme dans le dessin.

Couleurs les plus essentielles :

Le blanc de gouache ou pastille de blanc de zinc.

Jaune de Naples

Ocre jaune.

Vermillon.

Carmin.

Sienne brûlée.

Noir d'ivoire.

Indigo.

Bleu de Prusse.

Outremer.

Cette dernière couleur, introduite dans la plupart des demi-teintes, leur donne une grande finesse et une grande transparence.

L'eau gommée est utile comme dans la miniature. Le parchemin, le carton, le bristol ou le papier vélin peuvent servir pour le portrait.

Ayez soin d'avoir pour garde-main du même papier ou carton dont vous vous servez pour votre ouvrage, et aussi un garde-main en papier buvard, pour étancher l'eau du pinceau.

Quelques artistes, après avoir esquissé, commencent par coucher partout généralement des aplats de la teinte lumineuse de chaque objet, ils attaquent ensuite leurs demi-teintes, qu'ils remontent à plusieurs reprises, ils couchent ensuite sur ces demi-teintes de nouveaux lavis destinés à colorer les parties occupées par l'ombre. Le premier lavis sert de lumière, le deuxième et le troisième donnent les demi-teintes et les reflets, et les suivants achèvent de donner aux ombres la force nécessaire. Ce procédé peut être bon pour les commmneçants ; mais il est insuffisant. Il est bon d'oser de bonne heure s'accoutumer à un travail large, aux teintes abondantes, aux pinceaux plutôt gros que petits.

DE LA FIGURE EN GÉNÉRAL ET DES DIVERSES COLORATIONS DES CHEVEUX

Nous avons dit que votre esquisse devait se faire avec un crayon de mine de plomb Rowney. Lorsqu'elle est terminée, vous prenez un peu de cobalt que vous mélangez avec du brown-mader, et vous repassez avec votre trait, en le rectifiant et l'épurant ; pour cette opération, votre pinceau ne doit contenir que peu de couleur, afin de ne rien perdre de sa fermeté, car il ne doit remplir ici que l'office d'un crayon.

Ensuite, vous prenez une légère teinte d'indigo, avec laquelle vous massez vos ombres, en ayant soin d'adoucir très-légèrement, avec votre pinceau à fondre, humide seulement et non mouillé, le contour de ce modelé.

Vos ombres étant établies, vous passez sur le tout un ton local ou teint de chair, et ce n'est que plus tard, en terminant, que vous vous occuperez de la demi-teinte qui sert d'intermédiaire entre le ton local et l'ombre, et qui se fait en retouche et non pas en teinte.

Ce ton local, qui est la carnation plus ou moins chaudement colorée de l'individu, se compose d'une légère teinte d'ocre jaune, mélangée d'un peu de minium. Nous venons de dire que ce teint de chair ou ton local s'étend par-dessus tout, même sur l'ombre ; néanmoins il faut ménager le blanc des yeux, et aussi, pendant que la teinte est encore fraîche, enlever, avec un pinceau presque sec, ce qui forme le dessous de la paupière inférieure où se trouvent ordinairement des tons fins et nacrés.

Si l'on n'a pas eu ce soin, on peut remédier au mal en enlevant légèrement, avec un petit chiffon, lorsqu'on est arrivé à terminer.

La teinte incarnat qui se trouve sur les joues se fait avec de la laque et un peu de minium ; parfois une pointe de vermillon fait très-bien aussi ; cela dépend de l'éclat plus ou moins vif qui distingue le modèle.

Le coloris des joues étant indiqué, on doit préparer les lèvres avec de la laque et du vermillon ; les oreilles, les narines doivent être glacées avec une teinte un peu plus rosée que le ton local ; pour les retouches qui marquent le modelé des lèvres, l'intérieur des narines et des oreilles, il faut faire un mélange de terre de Sienne brûlée, de laque et de brown-mader ; on peut y ajouter une pointe de cobalt pour le rendre plus sourd.

En somme, ce mélange doit produire un ton rougeâtre obscur, mitigé par quelque chose de jaunâtre : la demi-teinte, qui fait tourner les joues en se liant à l'ombre, se fait avec un peu de cobalt rompu avec une pointe de brown-mader ; à ce ton vous ajoutez une parcelle d'ocre jaune, vous en retouchez les ombres les plus vigoureuses des paupières, vous faites les petites retouches, ainsi que celles qui doivent exister sous les masses de cheveux accompagnant le visage. Le cou offre parfois dans l'ombre des tons roux qui doivent se faire en mettant un peu d'ocre jaune mélangée de terre de Sienne brûlée ; si, au lieu d'être jaune roux, le cou présente un aspect verdâtre, il faut dans le mélange mettre plus d'ocre jaune et moins de Sienne brûlée, et comme la demi-teinte de votre cou a dû être préparée avec de l'indigo ou du cobalt rompu légèrement, votre ton jaune, mis pardessus, vous donnera l'effet que vous voulez rendre.

Presque toutes les retouches d'une tête se font avec un pinceau peu rempli, et alors elles se fondent facilement avec l'autre pinceau, humide seulement. Avant d'en poser une seule, inspirez-vous bien de votre modèle, voyez quelle est l'inclinaison, la forme donnée à chacune d'elles, car telle retouche, mise sans soin et sans l'observation du modèle, gâte l'effet de votre tête ou le détruit, tandis que telle autre, mise avec esprit, avec sentiment, détermine la ressemblance et témoigne du goût et de la science de celui qui l'a comprise et exécutée ainsi.

Il est bien entendu que tout ce que nous venons de dire se rapporte à une carnation pure et fraîche, à un individu jeune et finement coloré.

Si l'individu était pâle (au cas où il s'agirait d'une figure de grande dimension ou d'un portrait), il suffirait d'affaiblir toutes les teintes.

Si, au contraire, on avait à reproduire un teint méridional et chaudement coloré, au lieu d'ocre et de minium, vous mettrez de la terre de Sienne brûlée, que vous modifierez, soit en y ajoutant un peu de laque, soit en y ajoutant un peu d'ocre ou de jaune indien.

Si c'est une tête de vieillard ou de vieille femme que vous avez à reproduire, dans un tiers d'ocre ou de minium, ou d'ocre mitigée d'une pointe de laque, ajoutez un peu de sépia, et vous aurez un ton local, où le sang sera raréfié et qui tirera sur le grisâtre : il va sans dire que, pour les personnes basanées, les retouches doivent se trouver en rapport avec le ton local et comporter plus d'ocre que de terre de Sienne brûlée ; au reste, il vous suffira de bien étudier votre modèle, vous y lirez peu à peu comme dans un livre de quel ton vous devez vous servir pour l'imiter.

Les yeux bleus se font avec un peu de cobalt, repiqué dans l'ombre avec du pain's-gray mitigé par du brown-madder ; pour les yeux bruns, prenez de la terre de Sienne brûlée, brunie par de la sépia ou éclaircie avec un peu d'ocre, puis retouchez avec la sépia.

Les sourcils se font ordinairement avec le ton le plus vigoureux des cheveux. Le dessous de la paupière supérieure est toujours un peu jaunâtre ; une pointe d'ocre, mitigée par un peu de laque et de cobalt, vous donnera le ton nécessaire.

La place de la barbe est bleuâtre : c'est avec la préparation d'indigo qu'il faut l'indiquer.

Les petites figures qui se trouvent dans les marines, les paysages ou les intérieurs, n'étant là, du moins pour l'ordinaire, que des accessoires, on doit en indiquer la masse seulement, c'est-à-dire en établir franchement les ombres et les lumières, pour en bien rendre l'effet, mais on ne saurait les détailler sans faire mesquin et lourd.

Il ne s'agit donc, ainsi que votre modèle vous le dira, que de préparer les chairs avec un ton suffisamment vigoureux, et d'accentuer le nez, les yeux, la bouche, par un ton sourd composé de brown-madder, de cobalt et d'un peu de terre de Sienne brûlée ; la partie ombrée du visage s'établira avec le même ton indiqué pour les têtes plus grandes, et enfin un peu de couleur rosée, rougeâtre, placée sur la partie colorée de la joue, suffira pour terminer vos figures de petites dimensions. Il n'est pas besoin de dire que plus les figures sont grandes, plus le travail doit être détaillé et se rapporter à celui que nécessite un portrait.

Les cheveux blonds se massent avec du brown-madder mélangé de cobalt ; les masses lumineuses se couvrent d'une teinte de jaune indien ou d'ocre jaune mélangée de laque et d'un peu de cobalt ; le même ton, plus fort, suffit aux retouches ; les vigueurs les plus accentuées se font en ajoutant une pointe de sépia et de Sienne brûlée.

Les cheveux bruns se préparent ainsi : pour masser les ombres, noir d'ivoire et sépia, revenir avec de la terre de Sienne brûlée, du brown-madder et du cobalt mélangés ; avoir soin de mélanger les lumières qui doivent être glacées avec du cobalt et du brown-madder ; dans les cheveux noirs ou presque noirs, mettre moins de terre de Sienne brûlée, et foncer le ton en sépia et en payn's-gray ; en somme, les ombres doivent toujours renfermer un principe chaud et coloré, qui fasse valoir, par opposition, la finesse et la légèreté des lumières bleuâtres.

DU MÉLANGE DES COULEURS NÉCESSAIRES AUX DRAPERIES, VÊTEMENTS, ETC.

Pour *les linges et draperies blanches,* on doit masser les ombres avec une légère teinte d'indigo ; les demi-teintes s'obtiennent avec un mélange d'ocre et de cobalt, dans lequel on introduit une pointe de laque. Si ces ombres ou ces demi-teintes demandent un peu plus de vigueur que n'en peuvent fournir le cobalt ou l'indigo, on peut y ajouter une pointe de pain's-gray. Ces tons doivent être réchauffés ensuite avec un mélange d'ocre jaune et de laque, car si l'on se servait d'ocre pure, les ombres et les demi-teintes étant bleuâtres, il en résulterait un ton verdâtre ; la laque est donc là pour modifier l'ocre. Le ton local des draperies blanches est composé d'ocre jaune légèrement étendue ; les lumières s'enlèvent à l'aide du chiffon ou du grattoir. Quelques retouches demandent à être faites avec du cobalt, auquel on ajoute un peu de vermillon.

Les draperies et étoffes rouges. Masser avec un mélange de terre de Sienne brûlée et de sépia ; ensuite avec le même ton, plus clair, modeler les demi-teintes, puis, lorsque ces retouches sont bien sèches, mettre le ton local, composé de laque et d'un peu de vermillon et de jaune indien, le tout modifié pour en arriver à rendre l'aspect du modèle.

Les étoffes violettes s'obtiennent par les mêmes procédés que les draperies rouges, en ajoutant au ton local une pointe de cobalt, de bleu de Prusse, d'indigo ou de pain's-gray, suivant le besoin.

Les draperies lilas se font comme les draperies roses, en y ajoutant du cobalt ou du bleu de Prusse.

Les étoffes roses se massent avec le brown-madder et le cobalt ; éclaircir pour les demi-teintes, et faire le ton général avec de la laque rompue par une pointe de minium.

Draperies et étoffes bleues. Les ombres des étoffes bleues se massent avec un léger ton de sépia et de terre de Sienne brûlée ; les demi-teintes, avec du brown-madder et du cobalt.

Si le bleu que vous avez à rendre est clair et léger, faites le ton local avec du cobalt, soutenu par une pointe de bleu de Prusse, et ajoutez-y une parcelle de jaune indien, si le ton que vous avez à reproduire est un peu criard. Dans le cas où il s'agira d'obtenir un bleu plus vigoureux, après avoir fait vos retouches plus fortes, mélangez du bleu de Prusse et de la laque pour le ton local. Le drap, les molletons, les étoffes laineuses, demandent à être faits avec de l'indigo modifié par de la laque ou du brown-madder ; les retouches doivent en être faites avec la sépia, le payn's-gray et un peu de laque ou de brown-madder.

Draperies et étoffes vertes. Prenez, pour masser vos ombres, de la sépia et de la terre de Sienne brûlée, et le même ton plus clair pour vos demi-teintes.

Faites la teinte locale semblable à celle que vous devez copier, soit avec du bleu de Prusse et du jaune indien modifiée par un peu de terre de Sienne brûlée, pour un vert foncé, soit avec un mélange de bleu de Prusse, de vert émeraude et de cobalt, auquel vous ajouterez du jaune indien, si c'est un vert clair.

Pour les étoffes laineuses, les draps et molletons, pour les vêtements des marins et paysans, on procède de la même manière que pour le vert foncé, en remplaçant le bleu de Prusse par l'indigo, qu'on obscurcit avec la sépia, ou qu'on fait tourner au violet en y ajoutant soit du payn's-gray, soit du brown-madder.

Les draperies jaunes : on mélange le noir d'ivoire et la sépia pour masser les ombres des étoffes jaunes.

Pour les demi-teintes, il faut employer le cobalt et le brown-madder ; la teinte locale s'obtient en mélangeant de l'ocre jaune et du jaune indien avec un peu de minium.

Les draperies noires ou brunes : masser vigoureusement les ombres avec du noir d'ivoire et de la sépia, et les ombres moins fortes, formant demi-teinte avec le même ton, plus léger ; le ton local d'une draperie d'un noir froid et bleuâtre se fait avec le noir d'ivoire ou de bougie, mélangé de payn's-gray, de cobalt et d'une pointe de brun rouge.

Les lumières s'enlèvent avec le chiffon mouillé, jusqu'à ce qu'on en arrive à produire l'effet du modèle. Les satins et les velours ont des plis cassants et brillants qui s'obtiennent en les enlevant, comme nous venons de le dire ; seulement, les velours demandent un ton local moins bleuâtre que le satin. Les cachemires et toutes les étoffes laineuses doivent être d'un noir plus chaud et plus mat ; le noir de bougie, le payn's-gray et le brun rouge mélangés rendent parfaitement ces sortes de noirs.

Les marrons, les bruns, le raisin de Corinthe s'obtiennent avec des adjonctions de terre de Sienne brûlée ou de laque mélangée de cobalt ou de sépia, réchauffée par l'ocre ou brunie par du brown-madder et du payn's-gray.

Pour en arriver à composer tous ces tons au point nécessaire, il ne saurait y avoir de meilleur moyen que la scrupuleuse observation du modèle.

Quant à la connaissance parfaite des mélanges, elle s'acquiert par l'habitude, bien moins longue à arriver qu'on ne le penserait au premier abord. Au bout de quelque temps d'études faites avec intelligence et bonne volonté, la palette vous deviendra familière à ce point que vous trouverez plusieurs manières de composer le même ton ; mais, bien que ce soit une difficulté vaincue, nous devons dire que celle-là n'est pas la plus grande. La justesse du coup d'œil, le sentiment de la couleur, surtout dans les études d'après nature, le goût, le sentiment, l'esprit, qui se montrent dans la manière de faire, ce que les artistes appellent *la façon*, tout cela ne peut être appris à l'élève, et dépend avant tout de son organisation.

La pierre de fiel, entre autres, appelée *gallstone* en anglais, peut vous servir dans les draperies jaunes, dans les végétations frappées du soleil ; enfin cette couleur peut aussi donner de la finesse et de la transparence dans les demi-teintes jaunâtres des chairs.

Le *smalt*, d'un assez difficile emploi, trouve assez souvent sa place dans les ciels, et lorsqu'il a été employé dans votre modèle, vous ne pourriez en rendre l'effet par aucune autre couleur.

Le *scarlett* est un rouge magnifique, mais dont on ne saurait se servir en teinte ; il s'emploie parfois pour établir une vive lumière sur une draperie, pour frapper un bijou d'une étincelle brillante, etc. On ne doit pas le laisser dans la boîte qui contient les autres couleurs, d'abord parce qu'il s'altère et peut noircir, ensuite parce que le moindre contact avec le fer ou l'acier le décompose, et que la pointe d'un canif, d'un compas, l'approche d'une plume de fer ou d'une paire de ciseaux, peut le faire fondre ou le détruire complétement. Tenez-le donc à part, isolé, dans une boîte, et qu'il en soit de même de votre blanc, dont vous ne devez vous servir que rarement.

Nous avons dit que le papier Whatmann, avec un grain fin, est celui qu'on doit préférer pour la figure et pour tous les sujets pourvus de personnages d'une certaine dimension ; mais lorsque vous aurez à reproduire l'effet qui s'obtient sur le papier *torchon* seulement, et que, pour votre modèle, on s'en sera servi, il va de soi-même que vous devrez vous en servir aussi.

Si nous n'avons rien cru devoir vous dire pour les perles et les dentelles, c'est parce que vous devez les traiter de la même façon que les *draperies blanches*, sauf la différence de la touche, qui fait ressortir les lumières des perles, qu'on peut empâter avec un peu de blanc, après en avoir marqué les ombres avec des tons gris et bleus, et les demi-teintes avec un ton jaunâtre.

Les aciers se préparent avec des bleus gris légers, revenus avec une pointe d'ocre, qui les verdit légèrement ; leurs demi-teintes demandent parfois du noir mélangé dans le ton d'ombre. L'acier, comme le cuivre et comme tout ce qui est luisant et poli, doit avoir de très-vives lumières, et participer de la couleur des objets environnants.

Nous ne quitterons pas la plume sans vous recommander aussi de ne jamais négliger les détails les plus petits.

Un joli effet dans le ciel, la brisure d'une feuille de quelque grande herbe placée au premier plan, une arrachure marquant la vétusté du mur, la boue du chemin qui s'est inscrite sur la chaussure du paysan, la poussière qui couvre d'un voile grisâtre certains détails du terrain, la paillette lumineuse qu'attache un rayon de soleil à la pointe de la baïonnette du soldat, rien de tout cela ne doit être omis, car ce sont ces détails qui donnent la vie aux imitations de la nature.

ÉTUDE DES FLEURS

MANIÈRE DE LES GROUPER EN BOUQUET

Nous avons un plaisir infini à regarder des fleurs, mais elles offrent, à l'artiste qui les étudie, mille charmes de plus.

Si l'on veut grouper un bouquet de fleurs pour s'en faire un modèle de peinture, c'est au centre que l'on doit placer les plus belles et les plus grandes, puis les moyennes, ainsi de suite jusqu'aux plus petites, qui doivent être aux extrémités. Cependant, pour lier agréablement le tout ensemble, il faut avoir soin de glisser de petites fleurs entre les moyennes et de bien opposer les couleurs, telles que le pourpre, le lilas et le bleu clair près du jaune, si c'est la couleur des principales fleurs.

Le jaune tendre, la couleur chair, le bleu et le blanc près du rouge.

Avec le violet, le rose, l'orangé, le jaune tendre et le blanc feront un bon effet.

Avec le bleu, il faut choisir le pourpre, l'orangé, le jaune tendre et le blanc. Il faut éviter de placer près l'une de l'autre deux couleurs principales, comme le jaune foncé, le carmin et le bleu. On remarquera que le vert foncé fait bien, près des couleurs claires, et le vert clair près des couleurs sombres.

PALETTE POUR LES FLEURS

COULEURS

Blanc d'argent ou de zinc en pastille (Mantois).
Jaune d'or, ou orpin (éviter de le mettre à la bouche).
Gomme-gutte.
Rouge minium.
Orangé mars.
Carmin de cochenille.
Carmin de garance (plus vigoureux et solide).
Laque jaune, ou mieux laque de Robert.
Bleu d'outremer.
Cobalt.
Bleu minéral.
Vert de cobalt.
Sienne calcinée.
Brun de mars ou bistre.
Sépia.
Encre de Chine.
Violet de mars.

PEINTURE DES FLEURS ET FRUITS

Le trait se cherche au crayon numéro 2 (Conté ou autre), on l'efface presque entièrement pour le reprendre avec un crayon plus ferme.

On commence par s'exercer en copiant pendant quelque temps de bons modèles gravés ou lithographiés, en se servant de sépia ou d'encre de Chine.

Quelques professeurs font ensuite copier une fleur d'après nature sur papier teinté avec de la sépia, du bistre ou de l'encre de Chine et rehauts de blanc, pour débrouiller la main et la briser au maniement du pinceau. On peut ensuite composer une teinte faite de laque, de bleu et d'encre de Chine, pour obtenir sur papier blanc des copies en camaïeu, qu'on enluminera ensuite d'après nature.

Les meilleures modèles sont les Van Daël, Van Spaendonck, Redouté, et Saint-Jean, pour les fruits.

COLORATION

TONS JAUNES

Les clairs. — Jaune d'or ou gomme-gutte. Demi-teintes. — Jaune de mars, ajoutez pour l'ombre une pointe de jaune ou de sépia, pour la partie la plus foncée, on glace avec de la Sienne brûlée.

VERTS

On emploie indifféremment le vert minéral ou celui de cobalt. — On les varie à l'infini, en les mêlant de bleu de Prusse, d'indigo, de laque jaune, de jaune d'or et de gomme-gutte. On obtient les demi-teintes des verts en les rompant avec du carmin, on les fonce avec l'indigo, on les assombrit encore avec la sépia et l'encre de Chine.

ROUGES

Les laques de garances et les carmins font une foule de tons rouges fort avantageux; le minium s'emploie en certains cas. Cette couleur peut être remplacée par un aplat de gomme-gutte qu'on laisse bien sécher, et par-dessus lequel on applique un glacis rapide de laque de garance.

BLEUS ET VIOLETS

L'outremer, ou à son défaut le cobalt, pour les parties claires, le bleu minéral de Prusse et l'indigo, servent pour les ombres et les mélanges, on peut les rompre et les modifier par une pointe de laque et d'encre de Chine. La laque carminée et le cobalt donnent un beau violet, une pointe de jaune et d'encre de Chine assourdit aisément l'ombre des violets.

ÉBAUCHE

On commence par des teintes aqueuses d'une grande justesse et pureté de ton ; on s'occupe des plus lumineuses d'abord. Dans les fleurs panachées, on commence toujours par les couleurs les plus claires, On peut encore préparer les dessous à la teinte neutre.

Si l'on copie une fleur monochrome, c'est-à-dire d'une seule couleur, on étend la première teinte locale sur toute la fleur ; une seconde teinte, qu'on passe sur les quartiers de la demi-teinte, s'étend sur l'ombre et les reflets ; une troisième, une quatrième et une cinquième encore plus fortes servent à renforcer les parties ombrées ; on arrive par ce moyen à beaucoup de transparence, et si l'on termine ensuite par un travail haché, avec les mêmes tons plus foncés, on arrivera à la valeur voulue.

Il faut, dans l'ébauche comme dans le fini, user à propos et adroitement du retournement des pinceaux, pour fondre au moyen de celui qui n'est chargé que d'eau le travail fait par celui qui porte la couleur.

Le format de cet abrégé ne comporte pas que nous entrions dans plus de détails. Il faudrait, si l'on voulait étudier la manière d'imiter chaque fleur, y consacrer une leçon spéciale. La pratique journalière de ces principes bien élémentaires devant la nature, en apprendra plus à l'élève sur ce sujet que toutes les recettes écrites dans les livres.

FIN

TABLE DES MATIÈRES

	Pages
Du dessin en général	3
Des proportions	12
Aquarelle et lavis. — Origine et avantages des procédés	17
Des objets nécessaires	19
Choix du papier	20
Couleurs nécessaires	21
De l'emploi des verres et des soucoupes	22
Emploi de la planchette, de l'éponge et de la colle à bouche	22
De l'emploi du stirator	24
Inconvénient du papier tenu trop mouillé	25
Les coulés	25
Les enlevés	25
De la palette	26
Du choix des pinceaux. — Comment il faut s'y prendre pour les hamper	27
Les pinceaux, la touche et l'inclinaison ou position qu'on doit adopter pour son travail	30
Lavis à l'encre de Chine	33
Lavis à la sépia	34
Teintes plates	35
Étude expérimentale du coloris	37
Analyse de la palette	44
Du coloris des lithographies à l'usage des personnes qui ne savent pas dessiner	48
Préparation du papier	49
Des difficultés dans l'emploi des couleurs	51
De l'esquisse. — De l'ébauche des sujets de genre, etc.	51
Du portrait à l'aquarelle	58
Gouaches	59
Le portrait d'après nature	59
Les fonds	64
De la figure en général et des diverses colorations des cheveux	68
Du mélange des couleurs nécessaires aux draperies, etc.	72
Études des fleurs	76
Palette pour les fleurs	77
Peinture des fleurs et fruits	77
Coloration	78

F. Aureau. — Imprimerie de Lagny.

www.ingramcontent.com/pod-product-compliance
Lightning Source LLC
Chambersburg PA
CBHW070316230526
45470CB00002B/910